U0057867

精神病理社會工作：
社會安全網與精神醫療體系助人工作者的實務指引

Psychopathological Social Work:

A Practical Guide for Helping Workers in Social Safety Nets
and the Psychiatric Health System

林明傑、陳慧女　著

作者簡介

・林明傑

現任：中正大學犯罪防治學系暨研究所教授

學歷：美國密西根州立大學犯罪學博士、犯罪學碩士、諮商心理碩士
　　　南華大學自然醫學研究所碩士
　　　政治大學社會學系
　　　稻江科技暨管理學院營養學系

經歷：陸軍第八軍團司令部心理衛生中心心理輔導官
　　　高雄國軍總醫院精神科社工員
　　　高雄縣家庭扶助中心兒童保護社工員
　　　衛生福利部家庭暴力及性侵害防治委員會委員、嘉義縣家庭暴力及
　　　性侵害防治委員會委員、嘉義監獄及嘉義看守所妨害性自主罪收容
　　　人外聘治療師及督導

證照：諮商心理師、社會工作師、現實治療師、現實治療初階與進階督導、
　　　休閒獨木舟與海洋獨木舟 C 級教練

・陳慧女

現任：中正大學師資培育中心兼任副教授

學歷：高雄師範大學輔導與諮商研究所博士
　　　東吳大學社會學研究所社工組碩士
　　　東海大學社會工作學系
　　　高雄市立空中大學法政學系法律組

經歷：高雄市兒童青少年與家庭諮商中心諮商師
　　　勵馨基金會高雄站主任
　　　高雄榮民總醫院社會工作室社工員
　　　高雄縣政府社會科社工員

證照：諮商心理師、社會工作師

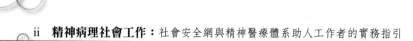

作者序

　　作者在 2022 年執行衛生福利部委託的成人非親密關係暴力危險評估量表（DA）之研究，分析 41 件家庭暴力致死案件時，發現這些案件多發生於不堪長期照顧負荷而殺死摯愛親人、慢性精神病患因妄想幻覺發作突然殺死家人、長期失業處於弱勢或被社會排除者因失意或生活壓力殺人、家人親屬間長久的衝突加上長期慢性精神疾病或成癮而造成致命危機等，這些都是社會安全網所欲承接者，但綿密的網絡還是有疏漏的可能。為盡力接住潛在的服務對象，除了增聘專業人力，專業知能的訓練也相當重要。我們從案例分析及「暴力危險評估量表」的發展過程中，深覺基層工作人員必須具備對精神疾病的基本認識及評估能力，故萌生撰寫給社工、心理輔導相關教師與學生，及社會安全網絡人員認識精神病理的書籍。

　　在社會工作人員專業養成的過程中，精神醫療社工、心理衛生被列為選修課程，而學校的專業輔導教師訓練過程中，也未具備精神疾病的認識。因此，當專業人員投入實務現場面對真實的個案時，可能都要邊做、邊學、邊累積經驗，才能逐漸建立對精神疾病的了解。然而，這樣的結果很可能因為敏感度不夠、專業知能不足而漏失承接危機個案。

　　本書從心理、社會、生理、營養學的觀點探討精神病理，並從精神醫療、社會安全網的角度介紹常見的精神疾病及基本處遇，分基礎、進階、實務等三部分。在基礎篇介紹精神病理社會工作的概念、生理—心理—社會模式的精神病理與「行為四關鍵」評估模式；在進階篇以《精神疾病診斷準則與統計手冊》（DSM）第四、五版為架構，介紹精神疾病的診斷體系、症狀學，以及精神病、情緒型障礙、精神官能症、人格障礙症、成癮、性侵害及家暴者、暴力被害人、自傷自殺防治等常見精神症狀及基本介入；在實務篇說明個案、團體、家庭工作的評估面向，介紹基本的預防與保健方法。

　　DSM 第四版翻譯精神疾病（disorder）以疾患稱之，第五版則以障礙

稱之；國內變態心理學（abnormal psychology）相關書籍多譯為異常、違常或疾患，本書主要譯為障礙症，少部分譯為疾患或異常，皆代表其症狀或行為偏離常態之意。

書中介紹精神疾病時多數會搭配案例的說明，這些案例皆為作者根據實務經驗所改寫，部分則改寫自相關影片或報導實例。在介入及處遇方面，主要從初級預防觀點出發，介紹身心保健、營養補充、穴位按摩的簡易方法，較不著重心理諮商或藥物治療說明。此分別在第三章及第二十章有較多篇幅的介紹，希望提供助人者服務個案及案家時，可立即提供身心保健知識的衛教，不使之繼續惡化，並做有效的轉介或照會。

本書整理自作者的專業訓練與實務經驗，發展出「行為是悶來的、學來的、想來的、神經營養不足或生理異常來的」行為四關鍵，結合依附理論、認知行為、現實治療、優勢觀點、營養身心等取向，以提升自信、療癒創傷、調節情緒、補充營養、降低慢性發炎所導致的身心疾病、改善行為等方式，協助個人學習因應壓力、調適身心。

希望本書能夠成為正在接受專業訓練的社工、心理輔導科系的學生，正在從事兒少保護、家暴及性侵害防治、社會安全網、心理衛生、戒癮處遇、學校輔導體系助人者的實務指引，提供個案立即有效的介入方法。本書可作為修習精神醫療社會工作學生認識精神病理的基本指引，亦可作為助人者實務應用的工具書。

謝謝心理出版社林敬堯總編輯協助本書的出版，謝謝陳文玲編輯悉心的編排與校對。當然，本書難免有所缺失，敬請各位先進不吝回饋與指教。

林明傑、陳慧女　　謹識

2023 年 9 月 18 日

目次

表次

圖次

精神病理社會工作概論

第一章
精神醫療體系的社會工作

壹、醫務社會工作

　　醫務社會工作（medical social work）是將社會工作應用在醫療體系的實務工作，在醫療體系的臨床各科皆有社會工作者的身影，如：內科系、外科系、小兒科、婦產科、精神科（身心科）、急診、安寧照護等。此外，社會工作也負責志工的組織、培訓與運用，將志願服務人力廣泛帶到醫院各角落，提供病患及家屬協助。在醫院的組織中，醫務社工是隸屬於社會工作室，為一獨立的部門，負責除了精神科以外所有臨床科別的社會工作實務。精神科社會工作師編制於精神科內，為精神醫療團隊之一員，與精神科醫師、護理師、職能治療師、臨床心理師共事，提供精神疾病患者及家屬、社區的服務。

　　醫務社會工作者在醫院實施社會工作業務，依據《社會工作師法》（2023）第 12 條規定執業內容如下：
1. 行為、社會關係、婚姻、家庭、社會適應等問題之社會暨心理評估與處置。
2. 各相關社會福利法規所定之保護性服務。
3. 對個人、家庭、團體、社區之預防性及支持性服務。
4. 社會福利服務資源之發掘、整合、運用與轉介。
5. 社會福利機構、團體或於衛生、就業、教育、司法、國防等領域執行社會福利方案之設計、管理、研究發展、督導、評鑑與教育訓練等。

6. 人民社會福利權之倡導。
7. 其他經中央主管機關或會同目的事業主管機關認定之領域或業務。

　　社會工作人員在「生理—心理—社會」的全人照顧醫療團隊中，扮演社會支持角色，提供病患與家屬：社會心理評估、情緒支持、經濟評估、經濟補助、出院計畫、病友團體、衛教宣導、資源轉介、志工服務，以及提供器官捐贈、預立醫療決定之諮詢等。

◖ 貳、精神醫療社會工作

　　精神醫療社會工作（psychiatric social work）指在醫院精神科／身心科團隊的社會工作人員主要與精神病患及家屬工作，對於病患進行家庭及社會功能評估，提供病患在住院期間之精神醫療需求的心理支持、社會功能恢復、社會資源協助。精神專科醫院或一般醫院精神科設有急診、急性病房、慢性病房、日間病房、門診等；在社區復健體系則有庇護工場、康復之家、社區心理衛生中心、長期安置的精神療養或護理之家等。

一、主要業務

　　根據精神醫療社會工作在個案所處的治療階段，其業務內容及任務如下（韓青蓉，2019，77-80頁）：

（一）建立關係及評估階段

　　對初入院的個案進行評估的同時即在建立關係。建立關係是一個持續的過程，一直到出院或結案，皆在與個案及家屬建立關係。在此階段，社會工作師與醫師及護理人員共同進行評估，包含疾病史、成長發展史（人格特質、重要事件）、家庭關係（結構、功能、互動）、生活適應（學校、職場、人際）、自我照顧能力、家屬對疾病的看法、照顧個案的態度、家庭的支持系統等，綜合評估個人的社會功能及家庭功能與動力。

　　對於初入院的個案，社工師向其介紹醫療設施、環境及相關規定，提

供基本的精神疾病衛教資料，讓個案及家屬對疾病有基本的認識，了解其使用社會福利資源的概況，提供必要的社福諮詢與資源協助，如申請身心障礙手冊、重大傷病卡，對有經濟補助需求者轉介社會局申請中低收入補助，或轉介社會資源提供醫療、照護費等補助。

（二）處遇及治療階段

針對評估結果擬定相對應的處遇計畫，如協助個案適應病房環境、配合治療計畫、加強家屬對疾病的認識、增進家屬與個案的溝通及互動、教導家屬照顧個案的技巧、提供家屬照顧的支持、轉介政府或社會福利資源，共同支持家屬的照顧意願與能力。

（三）出院準備階段

當個案病情穩定即是準備出院時刻，社工師與個案及家屬討論並擬定出院計畫，讓個案及家屬對出院做好心理準備，使家屬了解出院後的照顧及社會資源的使用，對於個案出院後的陪伴與照顧具有信心。若有必要，則依其病情穩定情況及需求，轉介社區心理衛生中心社工師、公共衛生護理師、社區康復之友協會等。

（四）追蹤階段

個案出院後仍須回診，可於門診追蹤返家後的用藥及適應狀況，也可以透過轉介心理衛生中心的社工師或公共衛生護理師的追蹤，以確保個案在穩定的復健過程中逐漸適應日常生活，支持家屬照顧的能力與心理調適、知道如何求助及尋求社區資源。此外，在出院後的穩定階段，社工師也可透過團體方式，舉辦病友支持或聯誼活動、家屬支持團體、衛教講座，提供病患及家屬心理社會或教育課程，增進對疾病照護的認識及相互支持。

二、其他業務

除了與個案及家屬工作外，各類法規如：《兒童及少年福利與權益保

障法》、《家庭暴力防治法》、《性侵害犯罪防治法》、《身心障礙者權益保障法》、《精神衛生法》、《自殺防治法》、《毒品危害防制條例》等均規定社工人員的法定工作，包含：兒少保護、家暴防治、性侵害防治、自殺防治、物質成癮防制等列有法定通報、陪同、評估、處遇等業務內容。社工人員在團隊中可能參與精神鑑定、受虐兒少的心理輔導、家暴被害人的心理協助、性侵害被害人的協助、家暴加害人的認知教育輔導、性侵害加害人的輔導、物質成癮者的戒癮治療、自殺防治處遇等。

　　整體來說，根據台灣心理衛生社會工作學會所提出精神醫療社會工作業務，包含十二項（韓青蓉，2019）：

1. 家庭評估、婚姻治療、家庭治療。
2. 個別心理輔導、團體心理輔導。
3. 個案及家屬衛生教育。
4. 出院安置準備服務。
5. 社會資源開發及運用。
6. 司法精神鑑定（家庭暨社會生活評估）。
7. 性侵害加害人評估與個別心理輔導。
8. 家庭暴力加害人個別心理輔導與家庭治療。
9. 災難心理重建。
10. 緊急醫療轉介服務。
11. 心理衛生中心暨自殺防治諮詢服務。
12. 志工召募及管理、醫院內之仁愛基金管理。

參、心理衛生社會工作

　　心理衛生社會工作是一種專業，提供人性化且有效的社會服務給一般民眾與精神疾病患者之個人、家庭、團體、社區以及社會，促進集體充權與社會正向改變，藉以預防精神疾病造成的危害，增進社會功能，改善生活品質。

一、精神疾病與心理衛生

　　精神疾病著重在疾病的描述，而心理衛生重在疾病的預防與治療。《精神衛生法》（2022）第3條對精神疾病（mental illness）的定義為：思考、情緒、知覺、認知、行為及其他精神狀態表現異常，致其適應生活之功能發生障礙，需給予醫療及照顧之疾病。

　　心理衛生（mental health）又稱心理健康，世界衛生組織（World Health Organization, WHO）對其的定義為：一種個人的幸福狀態（a state of well-being，亦譯為安適狀態），個體在此狀態下不僅能充分了解自己的潛能、因應日常的生活壓力，且能有生產力的工作，對社群有所貢獻（WHO, 2022）。

二、業務內容

　　社區心理衛生社會工作者的工作地點在社區，個案是曾受精神科診療，或是曾有自殺、物質成癮、家暴、性侵害議題，依法須提供輔導治療或關懷訪視。廣義的心理衛生也包含對一般民眾的初級預防服務，如衛生教育、家暴及性侵害防治、物質成癮防制等，可說是以全人為核心，全面參與三級預防工作，促進個人與家庭心理衛生的第一線工作者。

　　在社會安全網的心理衛生社工人員對於合併精神疾病及自殺防治的實務處遇，可參考《強化社會安全網計畫整合加害人合併精神疾病與自殺防治服務：心理衛生社工人員工作指引手冊》（游美貴等人，2021）。

肆、精神病理社會工作

　　精神醫療社會工作是精神病防治及心理衛生服務體系的社會工作實施（廖榮利，1992）。本書所指的精神病理社會工作是心理衛生工作之一環，界定為將精神疾病的知識應用於精神疾病者所實施的工作。

第二章
社會安全網的社會工作

🌐 壹、社會安全網

一、緣起

　　社會安全網的建構是政府計畫的社會補強工程，起因源自於 2009 年以來發生的多起嚴重殺人案件，如：2012 年台南市湯姆熊遊樂場男童被殺致死、2014 年台北捷運站隨機殺人事件、2015 年台北市文化國小女童被失業男子割頸致死、2016 年小燈泡遭砍頸致死等。

　　這些案件的加害人多數是社會挫敗型之隨機殺人者，犯行起於人際關係疏離或不佳、工作不順利、失業、成癮、精神異常，在惡性循環下出現自殺企圖，或出現以為周遭人都在取笑他的被迫害幻想、幻聽等所致（林萬億，2014）。這些安全漏洞與貧窮、失業、物質成癮、精神疾病、社會排除、暴力行為、親密關係衝突、家庭功能失調等息息相關（衛生福利部，2018）。多起案件發生顯現出原本的社會福利與安全防護有其限制與漏洞，如法定通報的家庭暴力、性侵害、兒少保護等，皆屬於第三級之事後保護，而高風險家庭的介入屬於第二級的防護，顯示既有的介入有其不足。

　　因此，社會安全網在結合政府各部門共同建構一張綿密的安全防護網，協助社會中的個體及家庭，在面臨生活危機時，能夠獲得及時協助以保持其生存的基本能力，得以因應各種挑戰，解決問題（衛生福利部，2018）。

二、目的

　　社會安全網的建構著眼於個人、家庭及社區所面臨最具威脅性的貧窮、失業、家庭衝突、親職功能薄弱、社會疏離、精神疾病、藥癮、酒癮、家暴、兒虐、自殺、犯罪等議題，以經濟安全、人身安全與心理健康面向為主要架構，結合學校輔導、就業服務與治安維護等服務體系，透過分析與檢討，擬定補強社會安全網漏洞的對策，結合衛生福利部、教育部、勞動部及內政部等跨部會網絡，協同強化社區生活第一線的社會安全服務網絡，串連民間社區的互助力量，以構築完整的社會安全網，如圖 2-1（引自衛生福利部，2018，頁 7）。

圖2-1
社會安全網跨體系資源連結

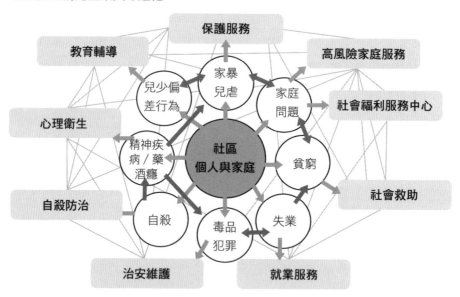

註：引自衛生福利部（2018，頁 8）。

　　社會安全網的服務焦點在建立「以家庭為中心、以社區為基礎」的服務模式，將過去聚焦在已經發生問題的個人或家庭，如低收入戶、家庭暴

力、兒童虐待、中輟學生、少年犯罪、精神疾病等個人層面的危機介入，轉變為即時介入處在危機中的家庭，並及早介入因生活轉銜或生活事件導致個人或家庭風險升高的脆弱家庭，進而協助一般家庭建構以社區為基礎的支持體系，提供預防性服務（衛生福利部，2018）。

三、服務對象

依危機程度將服務對象分為一般家庭、脆弱家庭、危機家庭等三類，如圖 2-2（衛生福利部，2018）。

圖2-2
社會安全網服務的對象

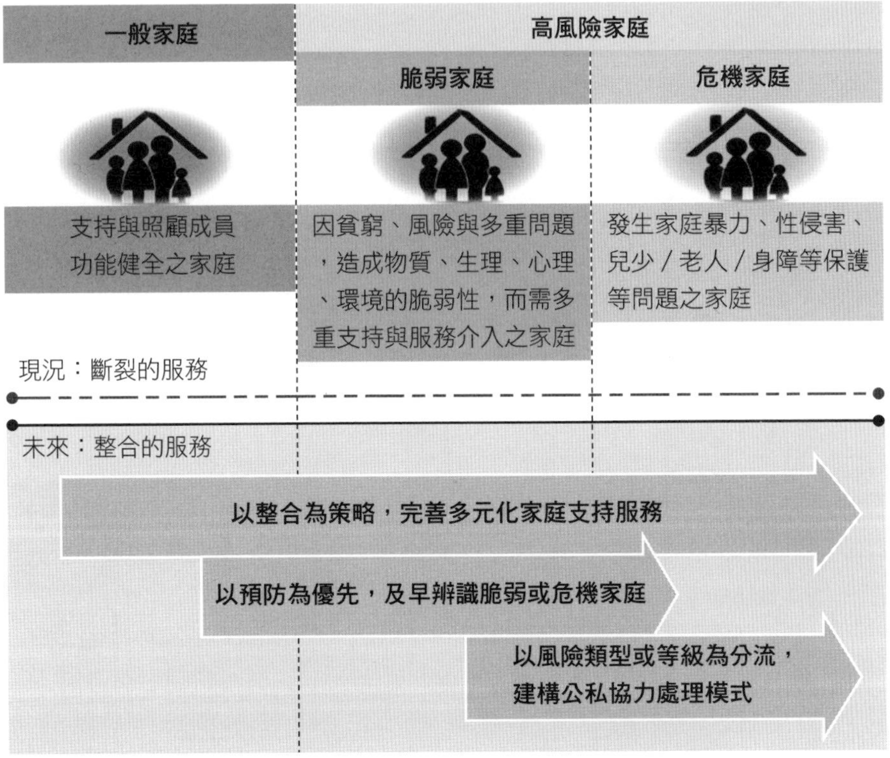

一般家庭　高風險家庭
脆弱家庭　危機家庭

支持與照顧成員功能健全之家庭

因貧窮、風險與多重問題，造成物質、生理、心理、環境的脆弱性，而需多重支持與服務介入之家庭

發生家庭暴力、性侵害、兒少／老人／身障等保護等問題之家庭

現況：斷裂的服務

未來：整合的服務

以整合為策略，完善多元化家庭支持服務

以預防為優先，及早辨識脆弱或危機家庭

以風險類型或等級為分流，建構公私協力處理模式

註：引自衛生福利部（2018，頁 43）。

1. 一般家庭：支持與照顧成員功能健全的家庭。
2. 脆弱家庭：家庭因貧窮、犯罪、失業、物質濫用、有嚴重身心障礙兒童需照顧、家庭照顧功能不足等易受傷害的風險或多重問題，造成物質、生理、心理、環境的脆弱性，而需多重支持與服務介入的家庭。
3. 危機家庭：發生家庭暴力、性侵害、兒少／老人／身障受虐等保護問題的家庭。

四、實施

在實施方面分為：布建社會福利服務中心整合社會救助與福利服務、整合保護性服務與高風險家庭服務、整合加害人合併精神疾病與自殺防治服務、整合跨部會服務體系等四個策略，以連結整個服務網絡，如圖2-3

圖2-3
四個策略之網絡體系整合服務運作

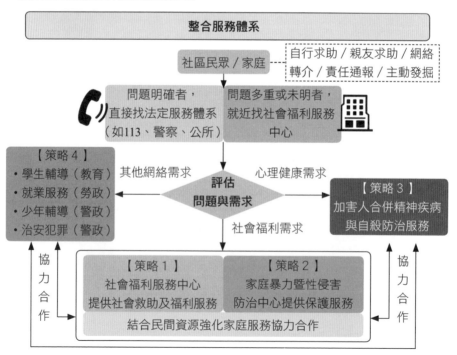

註：引自衛生福利部（2018，頁46）。

（衛生福利部，2018）；整合策略與服務內容為：對一般家庭提供福利諮
詢、資源轉介、預防宣導、親職教育、潛在脆弱或危機家庭的篩檢，對脆
弱家庭提供生活扶助、實物給付、急難紓困、脫貧服務、支持服務，對危
機家庭提供兒少及成人保護服務，如圖 2-4（衛生福利部，2021a）。

圖2-4
社會安全網計畫整合策略及服務內容

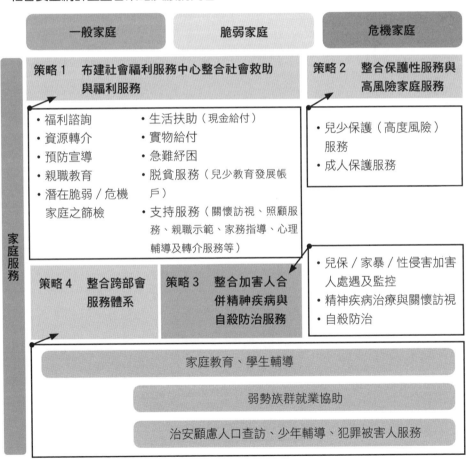

註：引自衛生福利部（2021a，頁 2）。

● 貳、社會安全網第二期延續計畫

一、建構更完整的社會安全網

　　社會安全網於 2018 至 2020 年推動期間，又發生數起與精神疾病相關的暴力事件，於是在規劃第二期時（2021 ～ 2025 年），除了延續之前納入精神疾病合併自傷與傷人事件者外，更擴大建構社區心理衛生服務體系，並將司法精神醫療服務納入，建構完整的司法心理衛生服務體系，包括完善司法精神鑑定、整備司法精神醫院與精神病房、建置治療成效評鑑制度、建構出院（獄）銜接社區心理衛生服務轉銜機制（林萬億，2020），如圖 2-5（衛生福利部，2021a）。此階段重點在補強精神衛生體系與社區支持服務、加強司法心理衛生服務、強化跨體系跨專業與公私協

圖2-5
再強化社會安全網架構

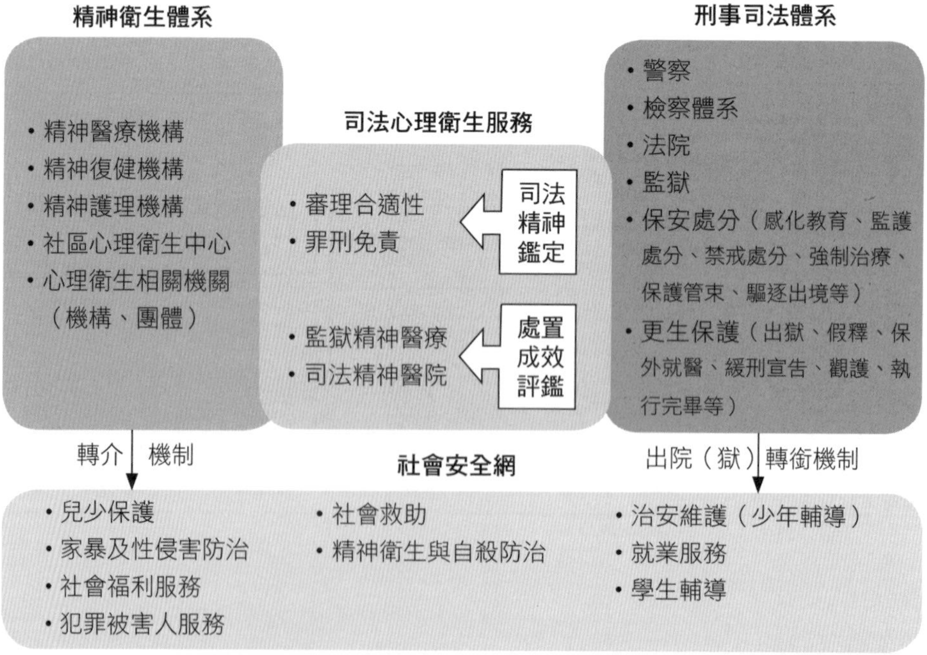

精神衛生體系

- 精神醫療機構
- 精神復健機構
- 精神護理機構
- 社區心理衛生中心
- 心理衛生相關機關
  （機構、團體）

司法心理衛生服務

- 審理合適性
- 罪刑免責

← 司法精神鑑定

- 監獄精神醫療
- 司法精神醫院

← 處置成效評鑑

刑事司法體系

- 警察
- 檢察體系
- 法院
- 監獄
- 保安處分（感化教育、監護處分、禁戒處分、強制治療、保護管束、驅逐出境等）
- 更生保護（出獄、假釋、保外就醫、緩刑宣告、觀護、執行完畢等）

轉介｜機制

社會安全網

出院（獄）｜轉銜機制

- 兒少保護
- 家暴及性侵害防治
- 社會福利服務
- 犯罪被害人服務

- 社會救助
- 精神衛生與自殺防治

- 治安維護（少年輔導）
- 就業服務
- 學生輔導

註：引自衛生福利部（2021a，頁 64）。

力服務、持續拓展家庭服務資源與保護服務、提升專業傳承與加強執業安全，如圖 2-6（衛生福利部，2021a）。

圖2-6
社會安全網跨體系網絡

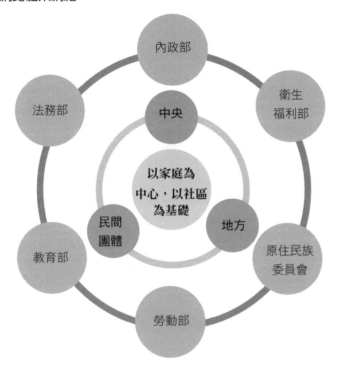

註：引自衛生福利部（2021a，頁 64）。

二、第二期的目標與作為

　　社會安全網第二期計畫係針對各項服務模式尚須持續發展與深化之處，修正策略目標與作為，包含：(1) 擴增家庭服務資源，提供可近性服務；(2) 優化保護服務輸送，提升風險控管；(3) 強化精神疾病及自殺防治服務，精進前端預防及危機處理機制；(4) 強化部會網絡資源布建，拓展公私協力服務，如圖 2-7（衛生福利部，2021a）。由此可見第二期比第一期增加風險管控、心理衛生、學生輔導，此為第二期特色。

圖2-7

社會安全網第二期計畫整合策略及服務內容

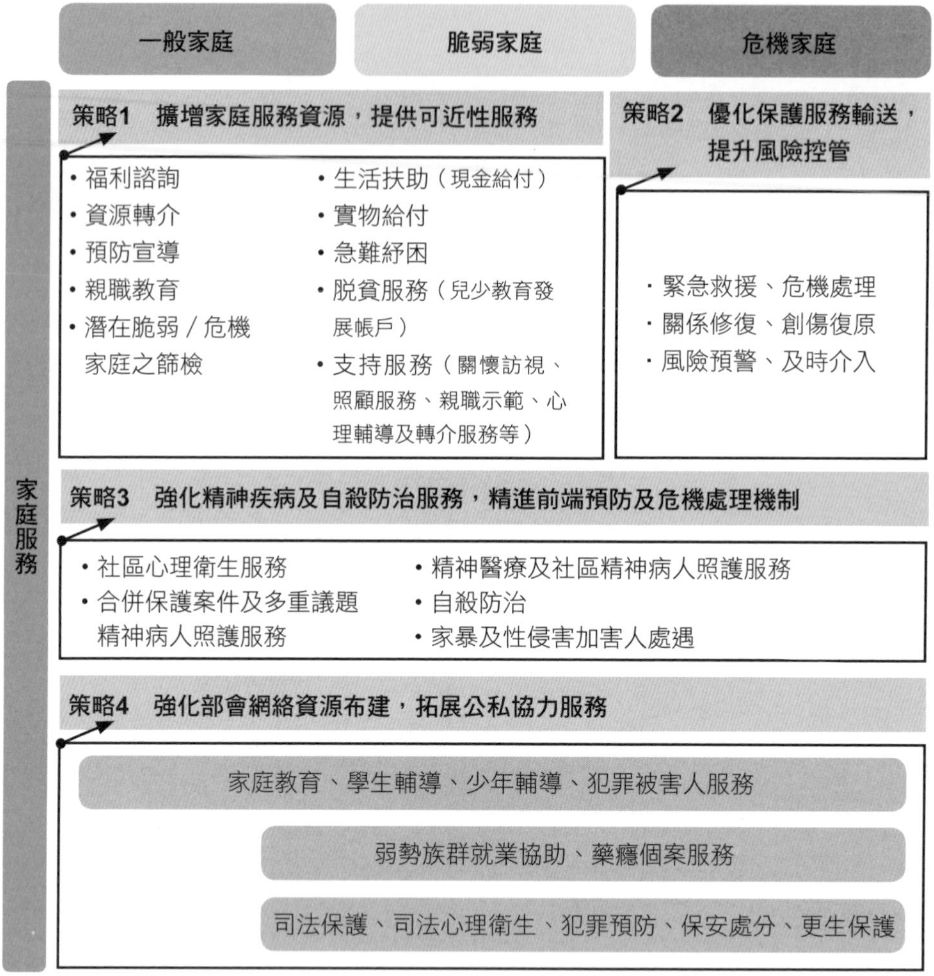

一般家庭	脆弱家庭	危機家庭

家庭服務

策略1　擴增家庭服務資源，提供可近性服務

- 福利諮詢
- 資源轉介
- 預防宣導
- 親職教育
- 潛在脆弱／危機家庭之篩檢

- 生活扶助（現金給付）
- 實物給付
- 急難紓困
- 脫貧服務（兒少教育發展帳戶）
- 支持服務（關懷訪視、照顧服務、親職示範、心理輔導及轉介服務等）

策略2　優化保護服務輸送，提升風險控管

- 緊急救援、危機處理
- 關係修復、創傷復原
- 風險預警、及時介入

策略3　強化精神疾病及自殺防治服務，精進前端預防及危機處理機制

- 社區心理衛生服務
- 合併保護案件及多重議題精神病人照護服務

- 精神醫療及社區精神病人照護服務
- 自殺防治
- 家暴及性侵害加害人處遇

策略4　強化部會網絡資源布建，拓展公私協力服務

- 家庭教育、學生輔導、少年輔導、犯罪被害人服務

- 弱勢族群就業協助、藥癮個案服務

- 司法保護、司法心理衛生、犯罪預防、保安處分、更生保護

註：引自衛生福利部（2021a，頁66）。

● 參、社會安全網的心理衛生體系社會工作

一、社會安全網的社會工作角色

（一）社區福利服務的樞紐

　　派出所是人民安全保護的第一線，民眾遇有危險或問題常立即撥打110求助。然而社會福利體系第一線的社區福利服務中心卻長期不足，甚至不被重視，以致福利服務中心無法發揮即時服務功能，如濟貧、失業、失能者關懷與救濟扶助，故社區的社工人員須成為能夠提供即時服務的關懷者與安全網樞紐角色。

（二）人身保護服務的樞紐

　　家暴、兒少虐待、老人虐待等保護服務須整合各單位成為綿密的安全網，共同提供處於危機的個人及家庭協助。

（三）心理衛生服務團隊之一員

　　對於自殺、精神障礙、物質成癮者持續提供就醫、諮商、關懷等服務，心理與社工團隊須合作才能完整。

二、社區心理衛生工作人員的角色與工作

　　針對不同服務對象之服務項目，社會安全網的社區心理衛生服務有各類工作人員參與。

（一）心理衛生社工人員

　　服務對象為精神疾病合併兒少保護、家暴及性侵害之加害人，工作內容為：定期追蹤訪視個案，綜合評估暴力風險、自殺風險、家庭功能、社會福利需求，並與保護性社工共同研擬家庭服務計畫。

（二）社區關懷訪視員

訪視社區精神病患並追蹤其病情及服藥狀況。

（三）自殺防治關懷訪視員

訪視有自殺企圖的個案，追蹤其病情及服藥狀況。

（四）處遇協調社工人員

服務經衛生福利部精神照護資訊管理系統與保護資訊系統串接同時及曾經在案之個案，對精神疾病個案合併有兒少保護、家庭暴力、性侵害之加害人提供處遇及轉銜服務，訪視重點除精神病情外，尚包括自殺危險、暴力風險、家庭功能、個案需求評估（衛生福利部，2023）。

（五）毒品防制中心個案管理員

針對出監所之藥癮個案（含少年）、經緩起訴或緩刑之藥癮個案、五年內被查獲三次之三或四級毒品個案、網絡單位轉介之藥癮個案、自行求助個案提供服務。

第三章
生理—心理—社會模式的精神病理與「行為四關鍵」評估模式

壹、行為原因的整合理論

　　本章從心理學、童年逆境、社會學、生理學、營養學的觀點探討精神病理，並整合行為發生的四個關鍵評估模式說明異常行為的發生。

一、心理學觀點

　　Zubin 與 Spring（1977）被認為是最早提出思覺失調症的發生不能僅以單一面向來解釋，而是來自生理、心理、社會（bio-psycho-social）三因素互動的學者，其提出素質壓力模式（diathesis-stress model）解釋思覺失調症的病因，後來也被引為許多精神障礙的病因論。「素質」指的是容易罹患某精神疾病的體質，而「壓力」是指環境或生活的困境所造成的困頓，該模式強調兩者都是個人產生精神障礙的必要條件，若只有一個存在則不易發生。之後，Mann 等人（1999）運用此概念整合生理與心理因素解釋憂鬱與自殺行為的發生，認為當個體有造成憂鬱的特質時，若再遭遇壓力事件，很可能引發憂鬱；但若個體引起憂鬱的特質不高，即使遭遇較高的壓力，也不一定會引起憂鬱。

　　整體來說，從心理學觀點看精神障礙及偏差行為都是由三個階段所形成，即先有需求動機，接著是想法的支持，再來是行為的形成；後兩者也可以順序顛倒或相輔相成。需求動機可從動機理論與精神分析理論解釋，

而想法與行為可由認知理論與行為理論解釋。以下是作者整合三大心理學派之簡要心得（林明傑，2018）。

（一）精神分析學派

提出行為是「悶來的」，認為行為的發生主要是為減少過去遭遇挫折時的不舒服情緒經驗而產生的需求。

（二）行為學派

提出行為是「學來的」，行為的發生與持續發生是外在制約刺激所生成（即古典制約）、自己在行為後得到快樂或痛苦而習得是否繼續該行為（即操作制約），或是透過觀察他人在某行為後的結果有無賞罰而學到該行為可否學習（即社會學習）。

（三）認知學派

提出行為是「想來的」，是以行為前後的想法是否支持行為結果的觀點（Corey, 2013/2014）。行為的發生是來自於對事件的看法或信念。

這三個學派皆談及行為發生的前中後，探討行為是否發生及延續。在檢視精神障礙或偏差行為時，這些面向都要一起檢視，才不會有所偏誤或疏漏；並非每一個學派皆可完整解釋所有的行為並提出有效改善方法。

二、童年逆境觀點

個人在童年受到身體、情緒、社會等面向創傷的童年逆境，造成不安全的依附，亦為異常行為評估的觀點之一。

Perry Bruce 提出個體在幼年時期受到不當對待或未受到適當對待的童年逆境觀點（Perry & Oprah, 2021/2022），多為常見的兒童虐待與疏忽、性侵害、高風險家庭之境遇。目前國內已發展「台灣版—童年逆境經驗問卷— 10 題版」可參考使用（孫頌賢，2022）。

童年逆境的十種情形為：(1) 身體虐待；(2) 身體疏忽；(3) 情緒虐待；

(4) 情緒疏忽；(5) 性虐待；(6) 家庭暴力；(7) 父母失和離婚；(8) 家中有精神疾病者；(9) 家中有成癮者；(10) 家中有入獄者。遭遇童年逆境者未能感受到被愛，通常缺乏安全依附，這對其後來成長的生理、心理、社會適應常造成負面影響。減少此類個案的解方，即是父母及周遭照顧者對於嬰幼兒的需求能有節奏地勤於回應、聆聽，並時時自我反省與調整回應的方式，提供一個友善、愛護、滋養的環境，讓嬰幼兒、兒童在成長的大腦中留下愛的印記（Perry & Oprah, 2021/2022）。而當遭遇童年逆境者成為青少年或成人時，若在其生命歷程中能有長輩、老師、朋友、同事等的正向回應，提供滋養的環境，則有機會獲得矯正性的情緒經驗，撫慰受創的心靈並修正偏差行為。

三、社會學觀點

在社會學方面，以犯罪社會學的學派檢視。Akers 與 Cochran（1985）以美國 3,000 多名學生為樣本，驗證三大犯罪社會學理論與其成癮行為之相關，發現次文化的社會學習理論能解釋大麻吸食變異性的 68%，社會控制理論能解釋約 30%，階層對立理論只能解釋 3%。可知促發犯罪行為發生的社會原因有兩大類，即「周圍有促發犯行的負面環境」及「周圍抑制犯行的正向環境不足」，各為犯罪社會學理論的「次文化理論」與「社會控制理論」。前者主張犯罪行為的發生肇因於周圍充斥著負面資訊與價值觀，導致個體容易吸收這些偏差的想法與做法而犯罪；後者主張人會犯罪是因為社會的正向力量與連結（如警察、功能良好的家庭、良友等）不足所致。若單以社會因素來講，次文化理論約占 70% 的解釋力，而社會控制理論占 30%。

四、生理學觀點

心理學與社會學各有其對人類行為的解釋力，然亦不可忽略生理學觀點。以偏差行為來說，被認為與犯罪相關的因素有遺傳、基因（如同卵雙生子之犯罪研究、犯罪家族之研究）、懷孕與出生過程、腦波、營養等。

除了營養學已有實證研究支持、且透過補充營養素可以逆轉偏差行為外，其餘因素多為不可逆。

五、營養學觀點

（一）營養學應用在監獄及偏差行為的研究

　　國外以營養學在監獄偏差行為少年的研究，如 Schoenthaler（1983）以 276 位服刑之少年犯及對照組的研究，發現實驗組在監獄的正向行為增加 71%，違規行為減少 56%。Gesch 等人（2002）以 231 位年輕成年囚犯之研究，發現攝取複合營養素的暴力組之負面行為減少 35%，此研究結果使官方開始針對監獄的膳食進行改善。

　　荷蘭學者 Zaalberg 等人（2010）複製 Gesch 等人的監獄研究，以 221 位平均 21 歲的年輕囚犯為研究對象，發現實驗組的暴行與違規行為顯著減少，但在心理測驗與其他衡鑑中之攻擊性與精神症狀則無明顯差異。美國賓州大學團隊 Raine 等人（2015）以社區之 16 歲少年進行 Omega-3 研究，發現食用 Omega-3 者內向性及外向性偏差行為有顯著降低，對照組則無差異。Glenn 與 Raine（2014）更提出神經犯罪（Neurocriminology）領域應受重視。

　　加州大學的 Schoenthaler 與 Bier（2000）以兩所小學 468 位 6 至 11 歲兒童隨機分為實驗組與對照組，以美國建議使用量之一半的綜合維生素與礦物質提供四個月研究，結果發現實驗期間，實驗組減少 47% 之偏差行為，而對照組則無顯著減少。

　　這些研究均證實對小學生或犯罪者提供營養補充品，各可減少偏差行為達 47% 與 35%，顯示年齡愈小介入愈有效。可知營養能夠改善偏差行為，是因為神經細胞的穩定傳導需要關鍵營養的穩定提供。人格原本是相對穩定的一套心理特質，若能改善營養持續達一年，應能逐漸改變偏差的人格特質。

（二）營養素對穩定人類行為的效果

至今的科學研究確認諸多營養素有助於人類減少偏差行為，以下就菸鹼素（niacin）、Omega-3 不飽和脂肪酸、鈣鎂鋅等做進一步說明。

1. 菸鹼素

菸鹼素為維生素 B 群之一員，即 B_3。Hoffer 等人（1954）表示二次世界大戰期間，美國南方約有300萬人罹患一種嚴重的疾病，產生皮膚炎、腹瀉、失智（指思覺失調症）等現象，俗稱糙皮症，約10萬人因此而死亡。後來發現是因為他們只以玉米為主食，因而缺乏人體可吸收的菸鹼素。美國政府在1942年立法強制要求在玉米粉與麵粉中加入菸鹼素而完全改善，此政策被譽為最成功的營養政策（Hoffer et al., 2011/2014）。加拿大生化博士與精神科醫師 Hoffer 等人（1954）以菸鹼素對思覺失調症患者實施雙盲實驗，以每餐服用 1,000 到 3,000 毫克加上等量的維生素 C，結果有75% 到 85% 的患者恢復，而安慰劑只有 35% 改善。Wittenborn 等人（1973）以相同方法複製該研究得出相同結果，指出自工業革命以來，電價低廉導致米麥被精磨多次以便久儲，但被磨掉的外殼中含有豐富的維生素 B 群，以致每天吃白米精麥者皆另需補充 B 群（Hoffer et al., 2011/2014）。

Hoffer 提出腎上腺素假說，認為菸鹼素是體內甲基的主要接受者，藉由減少體內甲基，正腎上腺素就較不會甲基化而轉成腎上腺素，並能減少甲基化造成精神混亂的腎上腺色素（adrenochrome）生成。Hoffer 等人（1954）發現思覺失調症患者的家族先天缺乏菸鹼素轉化酶，以致菸鹼素不足，造成腎上腺素堆積。若能每日補充 300 倍的菸鹼素，就可以改善思覺失調症患者體內的生化平衡，不致於累積過多腎上腺色素，以減輕思覺失調症狀。陳為堅與胡海國等人於 2007 年以思覺失調症、躁鬱症者及對照組研究，比較三者貼上菸鹼素貼片後的皮膚有無潮紅反應及秒數，研究確認思覺失調症者有一半（49.2%）沒有正常人該有的潮紅反應，而正常人與躁鬱症者各只有 7.5% 與 11.1% 沒有潮紅反應（Liu et al, 2007），表示思覺失調症者身上沒有菸鹼素轉化酶以使菸鹼素能在體內放大 300 倍功效，致其體內長期嚴重缺乏菸鹼素。

2. Omega-3（或稱 N-3 脂肪酸）

丹麥科學家 Bang 與 Dyerberg（1972）的研究探討為何在缺乏綠色蔬菜和水果的環境中，北極冰原格陵蘭島上的愛斯基摩人卻無人罹患缺乏維生素 C 的壞血病，且罹患心血管疾病的比率比一般人低很多。最後發現是愛斯基摩人以吃海魚為主，每日從海魚中攝取約 7 公克的 Omega-3，因此很少罹患心肌梗塞及腦栓塞等疾病。

加拿大的成癮與精神健康中心指出，憂鬱症患者的腦部微膠細胞（microglia，發炎時才啟動的巨噬細胞）有顯著增加，證實重度憂鬱患者有腦神經發炎反應的存在（Setiawan, et al., 2015）。該研究更進一步指出人類大腦前扣帶皮質區的發炎狀態，與憂鬱症之嚴重度似乎有關聯性。Kiecolt-Glaser 等人（2015）綜合有關炎症和憂鬱症的 200 篇研究報告，提出身體發炎不僅加重許多常見病症（如糖尿病和癌症），其與憂鬱症和心理健康也有重要關聯。介白素 -6（interleukin-6, IL-6）和 C- 反應蛋白（CRP）是血液中兩個主要的發炎指標，憂鬱症患者血液中這兩項指標比正常值高出一半，認為慢性發炎於血液中作用的結果，會使人產生憂鬱症，也認為憂鬱、兒童虐待、壓力、肥胖都會透過腸道菌叢與腸漏惡化促使發炎更加嚴重，並指出細胞激素拮抗劑、Omega-3 不飽和脂肪酸與運動均能降低發炎反應。

加州大學洛杉磯分校醫學院研究證實，魚油可緩解停用鴉片類藥物所造成的焦慮。在尋求行為復發和鴉片類藥物成癮的治療方法時，他們發現鴉片類藥物的停用會導致特定腸道微生物群顯著枯竭，而深海魚油的補充則可增加腸道微生物群的豐富度、多樣性和均勻度。鴉片類藥物的停用促發腦中紋狀體之微膠細胞的激活態以侵蝕健康的神經細胞，而補充魚油則能降低微膠細胞的激活態（Hakimian et al., 2019）。

3. 鈣、鎂、鋅

(1) 鈣：鈣可以強化神經系統的傳導感應，具有穩定情緒、緩和緊張焦慮、改善抽筋與失眠的作用（謝明哲等人編，2019）。鈣不只

形成骨骼與牙齒，更有 1% 進入血液與細胞，有助血液正常凝結、神經傳導、促進免疫及控制血壓。但 35 歲以後，骨鈣合成的速度遠遠不及骨鈣解離，容易發生鈣質不足。尤其國人傳統炒炸的烹飪方式，容易造成鈣的流失。國內歷次營養調查顯示 90% 的國人缺鈣，因此鈣為國人需要補充的營養素（潘文涵，2020）。

(2) 鎂：鎂可促進骨鈣平衡及保護心臟，具有安定神經、抗憂鬱及抗壓的功能，故能消除疲勞、鎮定精神。食物中的核果類（如杏仁、南瓜子、葵瓜子與花生）、深綠色蔬菜及香蕉都含有豐富的鎂。一般成年人每日應攝取 350 毫克左右的鎂（謝明哲等人編，2019）。Davis 指出酗酒者應補充因長期酗酒而流失的鎂以保護心臟，也可改善睡眠（Davis, 1970/1994）。

(3) 鋅：缺乏鋅會造成經常性疲勞、性功能降低、掉髮、免疫力下降、無法調節壓力、肌肉流失、傷口難以癒合。依據衛生福利部國民健康署「國人膳食營養素參考攝取量」，建議成年男性每日鋅攝取量為 15 毫克，女性則為 12 毫克，上限攝取量為 35 毫克。

● 貳、「行為四關鍵」評估模式

一、「行為四關鍵」評估模式

綜合上述探討，可知人類行為的發生有四個交錯複雜的原因，簡要整理為人類行為的四關鍵：「行為是悶來的、學來的、想來的、神經營養不足或生理異常來的。」據此，提出以下觀點：人類行為是由生理、心理、社會各占約 30～40% 原因比率（每人依遺傳或體質之不同而稍有差異）所形成，是由早期受照顧經驗所形成高低不同的自信，進而形成安全與不安全之依附類型；中期之生理與營養是否充足、社會環境中的正面支持度高或抑制因素低、個人是否有病識感；以及近期生活中是否有受挫經驗，進而出現對高風險情況、想法、情緒、行為等四面向的認知行為四因素，

是否能修正至低風險，最終是否形成精神或行為異常，整理如圖 3-1（林明傑，2018）。

圖3-1

偏差行為之依附、營養、認知行為整合模式

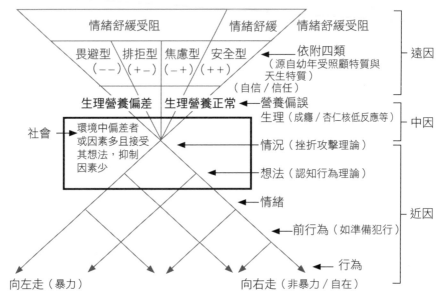

註：引自林明傑（2018，頁 217）

二、評估與處遇計畫

　　SOAP 是醫學評估診斷治療步驟中用以「詢問、觀察、診斷、治療」的四步驟。以問題導向為核心，蒐集個案的「主觀描述」（Subjective, S）、「客觀資料」（Objective, O），提出「評估診斷」（Assessment, A）、「處遇計畫」（Plan, P），S、O、A、P 彼此之間需有邏輯性與連貫性。「行為四關鍵」之 SOAP，如表 3-1。另以兩個案例說明如下：

表3-1

「行為四關鍵」評估模式之 SOAP

		「行為四關鍵」評估模式之 SOAP
S	主觀描述	• 問事情是怎麼發生？ 　　如成癮則問：「會用藥對你來說是增加快樂還是減少痛苦？快樂或痛苦各幾成？」若有痛苦，則問當時與現在各是幾成不舒服。 1. S1 悶來的：**過去的不舒服經驗**？問：「能否說出這輩子至今兩三件最不舒服的事？當時與現在各有幾成不舒服？自信有幾成？」 2. S2 學來的：**幾歲或發生什麼事以後才開始有此行為或情形**？問：「你是怎樣持續該行為或情形？你周圍有該行為或情形的人嗎？有哪些常聯絡的親友？困難時會有哪些支持或支援？」 3. S3 想來的：**開始與持續衝突的想法為何**？問：「你一開始是怎樣想該行為或情形？之後又是怎樣持續想該行為或情形？」 4. S4 神經營養不足或生理異常來的：問四題：(1) 一天是否吃到兩個拳頭大的蔬果？(2) 一週是否吃到一手掌心的海魚？(3) 是否服藥或補充營養？(4) 是否喝酒、嗑藥？若有，喝什麼酒？喝多少？（計算酒精量，男女每天應各不超過 30cc、20cc 純酒精）。有嗑藥的話，是哪種藥？
O	客觀資料	• 親友中有誰知道個案的情形？問親友鄰居他們認為的狀況是什麼？個案是否就診精神科或醫院？有哪些診斷？是否有醫學檢驗或心理測驗報告？
A	評估診斷	• 評估個案不舒服經驗、自信、就業、資源、經濟、人際、休閒、營養等，綜合以上 S 與 O 得出的醫學診斷與社會工作評估。
P	處遇計畫	• 提出處遇計畫 1. 初期（三個月內）：關懷訪視、同理困境、提供物資與社會資源、建立關係、確定方向、找出優點。 2. 中期（三個月到一年）：找出做法、鼓勵依醫囑服藥、提升自信（練習對眼說自信：帶著個案練習眼睛看著社工員，並持續說我有自信）、改善創傷（情緒釋放療法：帶著個案從頭到腰部拍打身上部位，釋放身心不舒服）。 3. 後期（一年以後）：持續鼓勵個案調整新想法因應困難、能夠自我鼓勵、整理未來因應困難的方法，討論準備結案。

註：作者製表。

（一）案例 A

　　阿榮現年 40 歲，罹患思覺失調症，長年無業，在 20 歲退伍後即發病。他認為單身同住的哥哥常常欺負他，很氣哥哥，在父親過世後認為媽媽不公平。因此，阿榮在床下藏兩把開山刀，認為遲早要砍掉同住的哥哥。有一次阿榮跟鄰居吵架而大聲說要砍鄰居，經緊急醫療網送至精神科住院兩個月後返家。其 SOAP 如表 3-2。

表3-2
案例 A「行為四關鍵」評估模式之 SOAP

		「行為四關鍵」評估模式之 SOAP
S	主觀描述	・問事情是怎麼發生？ 　　阿榮表示：「倒垃圾時鄰居的眼神很看不起自己，因氣不過才想拿刀砍他。」 　　問怎樣看待兩方？「若對方不再白目就都沒事。」 　　問期待怎樣處理？「表示不再與鄰居對看就好。」 1. S1 悶來的：問過去的不舒服經驗？阿榮說：「至今兩件最不舒服的事是一直被大哥欺負很過分，鄰居也看不起自己，被大哥欺負在過去及現在的不舒服各有 90% 與 50%；而鄰居看不起自己在過去及現在的不舒服各有 80% 及 60%。」 2. S2 學來的：問幾歲開始氣哥哥？「自有印象起都一直被欺負，跟父母說我壞話，偷我東西。」問父母怎樣回應？「都只聽哥哥的。」問是否有人支持你？「父親偶而會支持自己。」問還有哪些親友常連絡？「住在東部的姑姑半年會打電話來關心我。」 3. S3 想來的：問氣哥哥的想法是幾歲開始？「從國小，哥哥就一直欺負我。」問哥哥是否曾幫助你？「國中時哥哥曾幫忙打欺負我的人。」問哥哥是否帶你去醫院就診？「十幾年前有。」 4. S4 神經營養不足或生理異常來的：問 (1) 一天是否吃到蔬果各兩拳頭？「只有蔬菜，一個月僅吃一兩次水果。」；(2) 一週是否吃到一手掌心的海魚？「沒有。」；(3) 是否吃藥或營養品？「偶而會吃精神科的藥。」；(4) 是否喝酒嗑藥？「都無。」
O	客觀資料	・兄與母皆表示阿榮很愛疑神疑鬼，21 歲開始看精神科，診斷是思覺失調症。至今都沒工作，服藥順從差，已經半年沒吃藥。

表3-2
案例 A「行為四關鍵」評估模式之 SOAP（續）

		「行為四關鍵」評估模式之 SOAP
A	評估診斷	・評估案主不舒服經驗、自信、就業、資源、經濟、人際、休閒、營養等。綜合以上 S 與 O 得出的醫學診斷、社會工作評估： 1. 醫學方面：案主有思覺失調症，無其他生理疾病。 2. 社工評估：長期懷疑哥哥會害自己，而媽媽袒護哥哥。有姑姑的關心。家中床下藏有兩把開山刀。已經 20 年沒有工作，每天都在家。抗發炎的營養素如 B 群、維生素 C 與魚油長期攝取不足。
P	處遇計畫	・提出處遇計畫 1. 初期（三個月內）：每月訪視案家至少兩次，提供物資，叮嚀定期至精神科就診，給予個案及家人情緒支持，待病情逐漸穩定再嘗試媒合就業。 2. 中期（三個月到一年）：鼓勵個案依醫囑服藥，鼓勵不管是否服用精神科藥物，都要補充營養品保健身心、帶領個案練習對眼說自信及情緒釋放療法。 3. 後期（一年以後）：持續調整想法因應困難，鼓勵個案並使其能內化為自我鼓勵，提升自信。鼓勵家人給予個案支持，持續穩定後準備結案。

註：作者製表。

（二）案例 B

　　阿芳是 40 歲的家庭主婦，四年前起每天喝一、二箱啤酒，有三年的憂鬱與恐慌症狀。做混擬土工程的丈夫阿辰有吸安前科，常常氣她沒帶好兩個讀小學的子女，也沒能督促子女在疫情封禁時上網參加學校直播課程。阿芳很氣阿辰都去酒店應酬談建案生意，說：「不知道他去抱哪個女人，而自己卻要幫他顧小孩。」最後夫妻暴力相向並打子女，還威脅要帶子女去死。其 SOAP 如表 3-3。

表3-3
案例 B「行為四關鍵」評估模式之 SOAP

		「行為四關鍵」評估模式之 SOAP
S	主觀描述	· 問妻事情是怎麼發生？ 　　阿芳說：「做混擬土工程的先生常去酒店談生意，不知道他去抱哪個女人，自己卻要幫他顧小孩而彼此起衝突。」 　　問妻喝酒／夫吸安是可增加快樂還是減少痛苦，各占幾成。阿芳說：「喝酒是 10% 減少痛苦，並沒想要帶小孩去死，只是氣話。」阿辰說：「妻每天喝兩箱啤酒，沒能要求孩子上網參加學校直播課程，讓老師打電話來關心，真是氣炸！至於吸安是 50% 增加快樂，已經半年沒吸安。並沒有想帶孩子去死，只是氣話。」 1. S1 悶來的：問過去的不舒服經驗？阿芳說：「這次跟阿辰起衝突、父親狂賭博，以及母親在我國小時離家出走至今未歸。當時與現今不舒服程度各約 70%、50% 與 60%、20%。自信有 20%。」阿辰說：「這次跟阿芳起衝突、父親常打母親、父母親在我國中時離婚。當時與現今不舒服程度各約 85%、80%、30% 及 80%、30%、20%。自信有 30%。」 2. S2 學來的：問妻曾否要求夫別去應酬？阿芳說：「阿辰都會去，沒有用，我只能靠喝酒麻痺自己，娘家在高雄，在嘉義沒人可幫我。」阿辰說：「若不在酒家則無法談成生意，沒想過有什麼不用到酒家就可以談成生意的方法。」 3. S3 想來的：問妻可以怎樣不喝酒而夫也會改？阿芳說不知道。問夫可以怎樣不必去酒家也有生意做？阿辰表示沒想過。 4. S4 神經營養不足或生理異常來的：妻一週只吃一兩次水果與海魚，每天兩箱啤酒，計算每天喝 840cc 純酒精（5%*350*48），超過女性適合之 20cc 純酒精的 42 倍。夫一週只吃一兩次水果與海魚。
O	客觀資料	· 社工員表示妻去年曾至精神科就醫，診斷有憂鬱與恐慌症。夫妻都說對方很愛小孩，說要帶孩子去死應是吵架後的氣話。
A	評估診斷	· 評估案主不舒服經驗、自信、就業、資源、經濟、人際、休閒、營養等。綜合以上 S 與 O 得出的醫學診斷及社會工作評估： 1. 妻之評估：負面的幼年經驗、夫妻缺乏正向溝通、喝酒過量、缺乏營養、不喝酒就無法睡覺、憂鬱與恐慌已緩解，半年沒服藥。 2. 夫之評估：負面的幼年經驗、夫妻缺乏正向溝通、缺乏營養。

表3-3
案例 B「行為四關鍵」評估模式之 SOAP（續）

		「行為四關鍵」評估模式之 SOAP
P	處遇計畫	・提出處遇計畫 1. 初期（三個月內）：子女暫時安置寄養家庭並轉介目睹家暴輔導。聲請保護令使夫妻雙方接受認知教育輔導及治療。 2. 中期（三個月到一年）：評估夫妻互動改善狀況、評估子女每月會面交往之身心安適狀況。 3. 後期（一年以後）：討論讓子女返家並監督互動改善情形，準備結案。

註：作者製表。

常見精神障礙的特徵
及處遇方向

第四章
精神障礙的體系

壹、精神障礙的診斷體系

　　本章概述精神障礙診斷體系與治療需求，提供助人者面對可能的精神障礙者時能夠做出正確的評估、照會與轉介，使個案、家庭及社區能得到較佳的心理衛生服務而改善，倘若不知個案為精神障礙者而耽誤治療時機，將造成情況惡化。

　　衛生福利部（2021b）頒布心理衛生社會工作者對合併不同類型的個案給予英文字母 A 到 E 的編號，以利於機構間及機構內之溝通與紀錄（其中精照是指精神病照護者）。如以下：

A：精照單一合併「保護性案件（相對人／加害人）」

B：精照單一合併「自殺通報案件」

C：精照合併「保護性案件（相對人／加害人）」及「自殺通報案件」

D：保護性案件（相對人／加害人）單一合併「自殺通報案件」

E：離開矯正機關合併思覺失調、雙向情感疾患，以及結束監護處分個案

　　精神障礙（mental disorder）與精神疾病（mental illness）之差別，根據我國《精神衛生法》（2022）第 3 條對於精神疾病的定義如下：「精神疾病：指思考、情緒、知覺、認知、行為及其他精神狀態表現異常，致其適應生活之功能發生障礙，需給予醫療及照顧之疾病。但反社會人格違常者，不包括在內。……前項第一款精神疾病之範圍如下：一、精神病；二、精神官能症；三、物質使用障礙症；四、其他經中央主管機關認定之精神

疾病。」

　　為何未包含反社會人格障礙？因為該類型人格者之行為常涉及犯罪，而犯罪在刑法的判定須考量其罪責[1]，即使人格障礙者之思考與行為未達精神病發病時的混亂思考、怪異行為及與現實脫節[2]，也還未達精神官能症在壓力下的焦慮、退縮或變異，仍應該負完整罪責以維持正義。因此，行為、思考、情緒上較精神病與精神官能症穩定之人格障礙者常不在精神疾病之列，而被歸於包含精神疾病且範圍較大之精神障礙，如圖4-1。

圖4-1
精神障礙的體系

註：作者自繪。

貳、精神疾病診斷準則

　　本小節主要介紹美國精神醫學會（American Psychiatric Association）所發展之《精神疾病診斷準則與統計手冊》（*Diagnostic and Statistical Manual of Mental Disorders*, DSM）之分類體系（American Psychiatric Association, 1994/1998），包含 2000 年的 DSM-IV-TR（第四版修訂版）與 2013 年的 DSM-5（第五版）（American Psychiatric Association,

---

1　犯罪的刑罰構成三要件：違法性、罪責性、法條構成要件該當性。
2　發病中的精神疾病者其犯行可減輕罪責，人格障礙者則無法減輕罪責，詳見《刑法》第 19 條。

2013/2014）。

　　DSM 是美國精神醫學會所發展的精神障礙診斷手冊，雖然歐陸（如俄羅斯）另有多種不同的精神障礙診斷系統，然能與 DSM 相抗衡的就只有世界衛生組織（WHO）所發展的國際疾病分類系統（International Classification of Disease, ICD）。ICD 現今已發展至第十一版（即 ICD-11），近年來在兩組織之努力下已盡量求取一致。以台灣而言，醫師與心理師之訓練多以 DSM 為主，然健保局之診斷仍以 ICD 為主。

　　為了補足 DSM 與 ICD 系統及其他診斷系統如「國際機能損傷、身心功能障礙與殘障分類系統」（International Classification of Impairments, Disabilities, and Handicaps, ICIDH）均只偏向於疾病診斷，無法對精神疾病及生理疾病進行整體功能評估，因而 1999 年在美國召開「國際健康功能與身心障礙分類系統」（International Classification of Functioning, Disability, and Health, ICF）會議，改用異於醫療模式的社會模式，反對「障礙」（disability）的個人歸因觀點，視「障礙」為政治性議題，著重社會行動（social action），視為社會集體責任，應共同致力環境改變，促使障礙者完全參與社會生活；即強調社會改變，重視人權議題。ICF 定義並整合醫療模式與社會模式之對立觀點，使用「生物心理社會」（biopsychosocial）策略，DSM-5 則是部分參考 ICF 架構編制而成（周月清、張恆豪，2017）。

　　DSM-5 於 2013 年公布後，最大的改變是取消五軸診斷，尤其是取消第五軸的「功能的整體評估」（global assessment of function, GAF），原因是研究發現其信效度不佳，與改用精神障礙的光譜連續性以減少類目的斷面性。有鑑於 DSM-5 之變動太大，尚未被多數實務界全面改用，因此本書仍以這兩版本的對照方式敘述，並仍偏重 DSM-IV。

　　DSM-IV-TR 共分「16 加 1 類」精神障礙，每類為一章，故為 16 加 1 章，其外加之一類名為「臨床上需注意之其他狀況」（other conditions that may be a focus of clinical attention），此即非傳統所認為之精神障礙，但因仍屬須加以留意之生活適應與關係情況，故獨立編出一章放在最末

章。此章病名以英文字母「V」為編碼之標號，因此這章又稱為 V 碼章
（V-code chapter）。

該 16 加 1 章的順序如下，須注意另加之一類（即第 17 章）並不屬精
神障礙（American Psychiatric Association, 1994/1998）：

1. 通常初診斷於嬰兒期、兒童期或青春期之疾患（disorders usually first
   diagnosed in infancy, childhood, or adolescence）：含智能障礙、書寫閱
   讀數學等發展障礙、溝通障礙、自閉症、過動症、抽動障礙、分離焦
   慮等。

2. 譫妄、痴呆、失憶性疾患及其他認知疾患（delirium, dementia, and
   amnestic and other cognitive disorder）：含疾病或物質濫用引發譫妄、
   老年痴呆、失憶性異常等。

3. 一般性醫學狀況造成之精神疾患（mental disorders due to a general
   medical condition not elsewhere classified）：含一般性醫學狀況造成僵
   直異常、一般性醫學狀況造成之人格變化等。

4. 物質關聯疾患（substance-related disorder）：含 11 種成癮性物質所引
   發之異常，如物質濫用、物質依賴、物質中毒、物質戒斷。

5. 精神分裂病（台灣精神醫學會於 2015 年改稱之為思覺失調症）及其
   他精神病疾患（schizophrenia and other psychotic disorder）：含妄想症、
   器質型精神病、情感型精神病等。

6. 情感型疾患（mood disorder）：含較嚴重之重鬱症及躁鬱症，與較輕
   微之輕鬱症及循環型情感疾患等。

7. 焦慮型疾患（anxiety disorder）：含特定恐懼症、泛慮症、懼曠症、
   恐慌症、強迫症、創傷後壓力症等。

8. 身體型疾患（somatoform disorder）：含轉化症（舊稱歇斯底里症）、
   身體化疾患、疼痛疾患、慮病症等。

9. 人為型疾患（factitious disorder）：即一般所稱之偽病（factitious
   disorder），其與詐病（malingering）不同。有意識之裝病行為但無明
   確目的是為偽病，但若有明確目的則為詐病。

10. 解離型疾患（dissociative disorder）：含解離性身分認同疾患（即多重人格）、解離性漫遊症（心因性漫遊症）、失憶症、自我感消失疾患等。

11. 性疾患及性別認同疾患（sexual and gender identity disorder），含以下三類：

    (1) 性功能障礙：如性慾障礙、性興奮障礙、性疼痛障礙、早洩等。

    (2) 性倒錯：如露陰癖（暴露狂）、戀物癖、觸摩癖、戀童症、性虐待癖、性受虐癖、扮異裝癖、窺淫癖等。

    (3) 性別認同障礙：異裝癖與變性癖，其中同性戀已於 1985 年修訂時刪除。

12. 飲食型疾患（eating disorder）：含心因性厭食症、心因性暴食症。

13. 睡眠疾患（sleep disorder）：含原發性失眠、原發性嗜睡、昏睡症、夢魘異常、睡眠驚恐異常、夢遊等。

14. 他處未分類之衝動控制疾患（impulse-control disorder not elsewhere classified）：含陣發性暴怒、縱火癖、偷物癖、拔毛癖、強迫性賭博。

15. 適應性疾患（adjustment disorder）：適應障礙伴隨焦慮、憂鬱或行為問題。

16. 人格疾患（personality disorder），分 ABC 三群十型人格疾患，說明如下：

    (1) A 群人格疾患（cluster A）：以古怪及孤僻為共同特徵，分為：妄想型人格疾患、孤僻型人格疾患、思覺失調型人格疾患。

    (2) B 群人格疾患（cluster B）：以情緒起伏過大為共同特徵，分為：反社會人格型疾患、邊緣型人格疾患、戲劇型（又稱做作型）人格疾患、自戀型人格疾患。

    (3) C 群人格疾患（cluster C）：以焦慮或害怕為共同特徵，分為：畏避型人格疾患、依賴型人格疾患、強迫型人格疾患。

17. 臨床上應注意之其他狀況：此一部分包含甚廣，含以下 6 小類，且在 4、5、6 類的編號之首會冠上 V，故此 3 小類又稱 V 碼群：

    (1) 影響醫學狀況之心理因素。

　　(2) 臨床藥物引發之運動性疾患。

　　(3) 臨床藥物引發之其他疾患。

　　(4) 關係問題（如：親子關係問題、伴侶關係問題、手足關係問題）。

　　(5) 與虐待及疏忽之相關問題（如：兒童身體虐待、兒童性虐待、兒童疏忽、成人身體虐待、成人性虐待。須註明個案為加害人或被害人）。

　　(6) 臨床上需注意之其餘狀況（如：醫療不合作、詐病、成人之反社會行為、兒童青少年之反社會行為、邊緣性智能、與年齡有關之認知能力下降、悲慟、學業問題、職業問題、認同問題、宗教或心靈問題、文化適應問題、人生階段問題）。

參、精神障礙體系的脈絡與發展史

一、精神障礙體系的脈絡

　　從前述之精神障礙分類體系可知 DSM 第四版分 17 章即 17 類，而 DSM-5 分 22 章。這樣是否稍嫌雜亂？其實有其體系脈絡。以下先介紹體系脈絡，再介紹發展史，如此才能幫助初學者了解其脈絡與由來。

　　DSM 在第一版與第二版編訂時的精神醫學，是以美國東岸主流的精神分析學派為主，因此全部病名都以「某反應」作結，DSM 第三版及之後的版本則改以病理統計為主軸。了解 DSM 第一版與第二版的脈絡可以更清楚認識精神障礙體系的完整架構。

　　以下將 DSM 第四版的 17 章改稱「16 ＋ 1 章」，DSM 第五版的 22 章改稱「21 ＋ 1 章」，並將之歸類為精神障礙的體系表，如表 4-1。從該體系表可知精神障礙分為四大類，即精神病、精神官能症、人格障礙症與其他精神疾病。

表4-1
精神障礙體系 DSM-IV 與 DSM-5 之對照

<table>
<tr><th></th><th>大類</th><th>DSM-IV 各章共 16 ＋ 1 章
（以下數字為各章之順序）</th><th>DSM-5 各章共 21 ＋ 1 章
（以下數字為各章之順序）</th></tr>
<tr><td rowspan="3">精神障礙之體系分四大類（此分類係根據第一、二版以佛洛伊德理論之分類）</td><td>1.精神病：
混亂的思考、怪異的行為、與現實脫節
（分 3 章半）</td><td>第 5 章：思覺失調症及其他精神病
(1) 思覺失調症（分三型）
(2) 妄想症
(3) 器質型精神病
第 6 章前半部：情感型精神病，情感型疾患之憂鬱症、躁鬱症</td><td>第 2 章：思覺失調症光譜以及其他精神病（不再區分三類）
第 3 章：雙相情緒及其相關障礙症（限雙相症）
第 4 章：憂鬱症（限重鬱症）</td></tr>
<tr><td>2.精神官能症：
壓力下過度不安之障礙反應
（分 5 章半）</td><td>第 6 章後半部：情感型疾患之輕鬱症、循環型情感疾患
第 7 章：焦慮型疾患（特定恐懼症、泛慮症、懼曠症、恐慌症、強迫症、創傷後壓力症）
第 8 章：身體型疾患（轉化症、身體化疾患、疼痛疾患、慮病症、心因性疼痛）
第 9 章：偽病（有意識之裝病行為但無明確目的／若有目的則為詐病）、代理性偽病
第 10 章：解離型疾患（多重人格）、心因性失憶症、心因性漫遊症、自我感消失疾患）
第 12 章：飲食型疾患（暴食症／厭食症）</td><td>第 3 章：雙相情緒及其相關障礙症（限循環性情緒障礙症）
第 4 章：憂鬱症（限輕鬱症）
第 5 章：焦慮症
第 6 章：強迫症及相關障礙症
第 7 章：創傷及壓力相關障礙症
第 8 章：解離症（解離性身份障礙症、解離性失憶症、失自我感障礙症／失現實感障礙症）
第 9 章：軀體性症狀及相關障礙症
第 10 章：餵食及飲食障礙症</td></tr>
<tr><td>3.人格障礙症：
人格過度僵化致損及人際、家庭與職業</td><td>第 16 章：人格疾患（三群十型）
A 群：以怪異疏離為主特質（妄想型、孤僻型、思覺失調型）
B 群：以情緒起伏過大為主特質（反社會型、邊緣型、戲劇型、自戀型）
C 群：以焦慮逃避為主特質（畏避型、依賴型、強迫型）</td><td>第 18 章：人格障礙症（十型）保留原有之三群十型，稱之為臨床版，但也提出研究版，認為符合人格五因素理論之六型為值得未來參酌之分類（反社會／病態人格、畏避型、邊緣型、自戀型、強迫型、思覺失調型）（周勵志，2013）</td></tr>
</table>

表4-1
精神障礙體系 DSM-IV 與 DSM-5 之對照（續）

大類	DSM-IV 各章共 16 ＋ 1 章 （以下數字為各章之順序）	DSM-5 各章共 21 ＋ 1 章 （以下數字為各章之順序）
4. 其他精神疾病	第 1 章：初診斷於嬰、幼、青之異常（智能不足／過動症／自閉症等） 第 2 章：譫妄、痴呆、失憶型疾患、其他認知疾患 第 3 章：一般醫學所引發之精神疾患 第 4 章：物質關聯疾患（成癮物分濫用、戒斷、依賴、中毒診斷） 第 11 章：性疾患（分性功能障礙、性倒錯、性別認同障礙三大類） 第 13 章：睡眠疾患（分失眠、嗜睡症等） 第 14 章：他處未分類之衝動控制疾患（縱火癖、偷竊癖、衝動控制疾患等） 第 15 章：適應性疾患 第 17 章：臨床上應注意之其他行為或狀況，不屬於精神疾患但為臨床上應注意之行為或狀況，其編號均以 V 為首（又稱 V-code 章／ V 碼章），含詐病、性侵害之加害人或被害人、家暴之加害人或被害人等	第 1 章：神經發展障礙症 第 11 章：排泄障礙 第 12 章：睡－醒障礙 第 13 章：性功能障礙 第 14 章：性別苦惱 第 15 章：破壞、衝動控制及行為規範障礙 第 16 章：物質關聯及其他成癮障礙症 第 17 章：神經認知障礙症 第 19 章：性倒錯 第 20 章：其他疾病 第 21 章：藥物所致的運動障礙及其他不良反應 第 22 章：臨床上應注意之其他行為或狀況

註：1. 作者製表。
　　2. 依據 DSM 中譯本，第四版將 disorder 譯為疾患，第五版譯為障礙症。

（一）精神病（psychosis）

　　這大類是最嚴重的精神障礙，昔日稱為「重度精神異常」（major mental disorders）（曾文星、徐靜，2003），是指有混亂的思考、怪異的行為、與現實脫節等三項主特質的精神障礙，可分三個半類：

1. 思覺失調症（schizophrenia）

除前述三項精神病的主特質外，又以有幻覺為主特質，尤其是聽幻覺。原分為錯亂型、妄想型、僵直型、未分類型，但後來認為準確度不佳，改採以病程的連續性為主而取消細部之分類。

2. 妄想症（delusion ／ paranoid disorder）

除前述三項精神病的主特質外，以妄想為主特質。尤其妄想是一組有邏輯的偏差想法，因此有時會出現不像是有混亂的思考。妄想有五種形式出現，即被害妄想、誇大妄想、關係妄想、忌妒妄想、色情妄想。

3. 器質型精神病（organic psychosis）

除前述三項精神病的主特質外，有明顯腦傷或藥物、酒精造成之精神病症狀的一種精神病。

4. 情感型精神病（effective psychosis）

除前述三項精神病的主特質外，以情感障礙為主特質，如不能自我情緒控制的重鬱症與躁鬱症。這一類只能算半類，這章全名為「情感型障礙症」（effective ／ mood disorder），而情感型精神病（分重鬱症與躁鬱症兩病名）只是其中較為嚴重的一半，另一半則為較輕微的情感型精神官能症，屬於下一大類精神官能症。

（二）精神官能症（neurosis）

這大類是較不嚴重的精神障礙，昔日稱為「輕度精神異常」（minor mental disorders）（曾文星、徐靜，2003）。是指在壓力下有過度緊張不安之異常反應的一種精神障礙。分五個半類：

1. 情感型精神官能症

以情緒長期低落或起伏為特徵。這裡只算半類，因為只屬前述「情感型障礙症」中歸於精神官能症且較輕之輕鬱症、循環性情緒障礙症兩類，這兩者相對於憂鬱症與躁鬱症均較為輕微。

2. 焦慮型障礙症

以緊張不安的情緒為特徵之精神障礙，包含：

(1) **特定恐懼症**：對某些特定事物或情境會產生莫名的恐懼，如怕狗或蛇之單一恐懼症或懼高症。

(2) **泛慮症**：幾乎在任何時間、對任何事情，都會引起焦慮反應。焦慮的事物不固定，且過度在意過去失敗經驗。

(3) **懼曠症**：在空曠地方發生極為恐慌之身心狀態。

(4) **恐慌症**：突然發作極為恐慌之身心狀態，如突然心悸、盜汗且害怕將死，有時會在空曠地方發生，即為合併懼曠症。

(5) **強迫症**：會有一直強迫出現且無法停止的想法或行為，且困擾不已，區分為強迫思考（obsessive thought）及強迫行為（compulsive behavior）。

(6) **創傷後壓力症**：在重大創傷事件發生後，會出現以焦慮為主軸的身心反應。

3. 身體症狀障礙症

心理上的問題轉化為身體上的症狀，但在生理上卻又找不出病因之精神障礙，包含：

(1) **轉化症（歇斯底里）**：壓力下身體暫時失能反應之障礙。

(2) **慮病症**：壓力下過度擔心自己患病之障礙。

(3) **心因性疼痛**：生理的疼痛是因心理困擾而來之障礙。

4. 解離症

以脫離原來人格為特徵，包含：

(1) **解離型身份障礙（多重人格）**：在壓力下解離主要人格而進入另一人格狀態。

(2) **心因性失憶症**：在壓力下突然喪失記憶。

(3) **心因性漫遊症**：在壓力下突然離開居住地到陌生地，失憶且以另一人格生活。

(4) **自我感消失症**：失自我感（depersonalization）是個人經驗到由自

己的心智活動或身體脫離出來，彷彿自己在外面觀看自己。失現實感（或失真實感，derealization）是個人體驗到不真實感或脫離周遭環境的經驗感受。

5. 偽病

以無明確目的但有意識地裝病求醫行為為特徵，若是有明顯目的而裝病求醫之行為則為詐病，屬於第 17 章或第 17 類之異常行為。而另有「孟喬森症候群」（Munchausen's syndrome），是指壓力下有意識地帶著無病子女之求醫行為，又稱為「代理型偽病」。

6. 飲食障礙症

在飲食上表現出的精神障礙，分暴食症與厭食症。

（三）人格障礙症（personality disorder）

為長期且較難處理的精神障礙，是指人格過度僵化以致損及人際、家庭與職業的精神病。

1. A 群人格障礙

以怪異疏離為主特質，包含：

(1) **妄想型**：以妄想為主特質，但未達妄想症之程度，常會過度解釋周遭環境，並會將他們的偏執感覺投射到他人身上，而有被害或嫉妒等妄想。

(2) **孤僻型**：以疏離為主特質，人際行為過度冷漠，甚至毫無反應。

(3) **思覺失調型**：以怪異為主特質，有特異的思考或感官能力，如自稱可看到神界或想法特異，但卻尚未崩解到思覺失調症。

2. B 群人格障礙

以情緒起伏過大為主特質，包含：

(1) **反社會型**：情緒起伏過大且常表現出傷人行為，經常做出不符合社會規範的行為，如暴力、詐欺、說謊等；只顧自己的利益，忽視他人的感覺、財產、權利等，且將所有行為責任推給他人。

(2) **邊緣型**：情緒起伏過大且常表現出自傷行為，對他人容易產生過

度理想與貶抑之擺盪情況，無法容忍孤獨且極端害怕想像或真實地被放棄。

(3) **戲劇型**：情緒起伏過大且常表現出誇張行為，以期待成為他人的目光焦點，有時會誇張地陳述自己受歡迎的程度。

(4) **自戀型**：情緒起伏過大且常表現出自戀行為，如誇大自我價值並貶抑他人，若沒受到讚美則會暴怒。

3. C 群人格障礙

以焦慮逃避為主特質，包含：

(1) **畏避型**：焦慮逃避以避免自己被拒絕或批評，也常自覺能力不足而盡量避開人際接觸。

(2) **依賴型**：焦慮逃避以避免自己需要常做決定，因此須隨時依賴他人。

(3) **強迫型**：過度強調完美主義且認為需要專注細節才會放心，也因此使人際缺乏彈性而疏離。

（四）其他精神疾病

上述三大類以外的精神異常歸在此類。

二、精神障礙體系的發展史

了解上述脈絡之後，接著看此體系是如何被發展出來。早在 19 世紀，德國精神醫學家克雷貝林（Kraepeline）確認許多人所指的精神病症均屬於退化精神疾病之同一類，即提議稱為「早發性痴呆症」，以便與「老年之痴呆症」有所區隔。後來布魯勒（Bleuler）以精神分析的理論，注意該症所表現之人格瓦解與分裂，而將之改名為「精神分裂病」（schizophrenia）（曾文星、徐靜，2003）。而一般將此一嚴重退化之精神疾病，統稱為「精神病」（psychosis）。

而較精神病輕微之精神異常（如歇斯底里症），則一直被認為與神經系統（neuro-system）有關，故稱之為「神經症」（neurosis）。直到 19

世紀末，德國精神科醫師佛洛伊德（Sigmund Freud）以其精神分析之觀點，認定歇斯底里症及強迫症是由心理因素所引起，因此提議冠上精神二字成「精神－神經症」（psycho-neurosis）（曾文星、徐靜，1994）。因其為心因性，故有時稱之為「心理症」，我國將之翻譯為「神經官能症」或「精神官能症」（neurosis）。

　　因此，在 DSM 之第一版及第二版（即 DSM-I 與 DSM-II）均以上述二大類（即 psychosis 與 neurosis）作為主軸，區分為嚴重及輕微之兩病症群。然至 1980 年，則改採醫學統計及流行病學立場，完全運用描述性方式，依據診斷規範及條件歸類，並放棄精神病與神經症之輕重區分，也取消神經症（neurosis）之總稱，並採取五軸之診斷系統，分別處理診斷與評估之資料。但 WHO 在 1992 年所訂定的 ICD-10 仍遵守世界各國精神醫學界的意見，並未完全放棄神經症的觀念，而以「神經症、壓力相關、身體異常」（neurotic, stress-related, somatoform disorders）統稱所有「輕度精神異常」（曾文星、徐靜，1994）。即使如此，現代一般精神科及專業心理之訓練，仍以傳統的精神病及精神官能症兩大類來貫串精神障礙之分類，即是將常見的精神疾病分為「精神病」及「精神官能症」兩大範疇。

肆、精神障礙的診斷

一、DSM-IV-TR 之五軸向診斷與 DSM-5 之差異

　　DSM-IV-TR 是一個多軸向的評估系統（multiaxial assessment），也就是從五個不同的層面及方向，對患者做更整體的考量及評估。以下為五軸向診斷：

　　第一軸：臨床主要精神疾患、可能為臨床關注焦點的其他狀況。大部分手冊中精神疾患的診斷都放在第一軸向。

　　第二軸：人格疾患、智能或發展遲滯。著重個人在長期發展上所出現的問題放在第二軸。

第三軸：即一般性醫學狀況，精神、生理上的疾病與病史（可詳見 DSM-IV-TR 手冊附錄 G）。

第四軸：心理、社會及環境問題。診斷個人的支持系統、經濟、教育、法律、職業或犯罪等方面所面臨之問題。

第五軸：「功能的整體評估」（GAF），依據手冊自 0 ～ 100 分評估，評估個案在某特定時期（如：一年前、現在、出院前或出院後）之自我、生活等整體功能。

DSM-5 嘗試改用光譜（spectrum）模式概括類似的異常，不再以類別分類。DSM-5 去除五軸診斷，只保留須依據各精神疾病診斷準則所列之診斷要件（如 ABCED……之編號內的診斷準則）。因此 DSM-5 之診斷寫法如下：

1. 所有精神障礙診斷
2. 所有生理疾病及病史
3. 心理、社會、法律及環境問題

二、以案例說明 DSM-IV-TR 與 DSM-5 之診斷

案例 4-1

個案為 40 歲男性，曾在國小附近犯下十起性侵害年約 10 歲女童之犯行，被判刑十年。在服獄期間，妻兒均未曾探視。細問之下，得知其妻已在他入獄前一年帶子女搬回娘家住。個案目前在紙箱廠工作，經詢問沒有可談心之朋友或同事，且常被老闆及同事罵笨。再細問其過去與妻在性行為之後，妻給予他的感受是如何時，個案低頭半晌後流淚並罵出三字經，表示妻常嘲笑他在性方面能力不行，而且很笨。詢問其國小成績之排名，在全班 40 人中最後一名。進行《魏氏成人智力測驗》後，評估其智商為 80，屬於邊緣智能，無其他身體疾病史。

（一）本案之 DSM-IV-TR 五軸診斷

第一軸　戀童症（非專屬型，即非只專喜兒童之戀童症，退縮型戀童症），
　　　　對女童；詳見性侵害者之章。

第二軸　邊緣型智商（IQ 在 71 至 84）。

第三軸　無身體疾病史。

第四軸　妻子攜就讀國小之兒女離家出走、在職場被老闆及同事罵笨、與
　　　　妻之性關係互動常遭妻嘲笑辱罵、因連續性侵害女童而被判刑。

第五軸　犯行前 GAF = 55（中度適應不良，因反應慢被同事及妻罵笨）；
　　　　獄中訪談時 GAF = 65（輕度適應不良，在獄中常遭嘲笑而寡歡，
　　　　可服從獄中紀律並工作）。

（二）本案之 DSM-5 診斷

1. 戀童症（非專屬型，即非只專喜兒童之戀童症，退縮型戀童症），對
   女童。

2. 無身體疾病史。

3. 妻子攜就讀國小之兒女離家出走、在職場被老闆及同事罵笨、與妻之
   性關係互動常被妻嘲笑辱罵、因連續性侵害女童而被判刑。

第五章
精神障礙的症狀學與簡易評估

壹、精神障礙的症狀學

　　判斷一個人是否有精神障礙，須了解各類精神障礙的體系及所注重的表徵。精神病的共同點是「混亂的思考、怪異的行為、與現實脫節」，而精神官能症的共同點是「壓力下的異常不安表現」。一般來說，當個人知道自己生病時，會尋求協助治療；但有些精神疾病患者缺乏病識感，不知道或不認為自己生病。病識感（insight）是指個人對自己疾病的認識，包含了解病況的原因與意義、真正理解及了解疾病，而不是只選擇自己願意相信的疾病訊息；病人是否有病識感及遵從醫囑與治療，是評估病情改善的核心指標。

　　人類的行為多是因為外在刺激後的覺知、再加上想法的判斷，最後才有行為，以下簡要說明評估精神狀態的要點（李明濱主編，2011；曾文星、徐靜，2003）。至於社工人員評估個案的精神與心理狀態之詳細面向，請詳閱第十八章。

一、外觀與行為

1. 衣著：留意案主的穿著及衛生習慣，如躁症者可能會化妝過度和穿著鮮豔的衣服，而思覺失調症者可能會頭髮髒亂。
2. 體型：過度肥胖或瘦，要注意其飲食習慣是否已有暴食症或厭食症。
3. 動作僵呆：長時間維持某一動作，如僵直型思覺失調症。

4. 作態症：習慣性不自主的動作，如扮鬼臉。

5. 動作反覆抽動：反覆不自主的抽搐動作，可能是妥瑞氏症。

二、知覺障礙

　　指對外在刺激的感覺有無扭曲，可分聽覺、視覺，可觀察或詢問以下問題。

1. 幻聽：是否聽得到別人聽不到的聲音？

2. 幻視：是否看得到別人看不到的東西？

3. 錯覺：錯誤解讀自己的感覺，如將看到的影子錯認為是鬼。若告知曾看過鬼魂或神明，須排除陰陽眼而智能正常者。

三、思考障礙

1. 思考形式障礙：思考的速度與推理過程、形式偏離常態。

　　(1) 意念飛躍：思考的速度很快，一個念頭接著另一個，常見於躁症。

　　(2) 思考遲緩：思考的速度很慢且說話也變得遲鈍，常見於思覺失調症、憂鬱症。

　　(3) 聯想鬆弛：說話的每一句與句之間沒有關聯性，常見於思覺失調症、躁症。

2. 思考內容障礙：指思考的內容有扭曲，如對某事有不正確的看法且深信不疑的妄想，分為以下五類。

　　(1) 被害妄想：堅信有人要害自己，且稱有證據。

　　(2) 誇大妄想：誇大自己有超能力，可以救世。

　　(3) 宗教妄想：堅信自己是神或是神的化身。

　　(4) 關係妄想：堅信自己是總統的兒子。

　　(5) 忌妒妄想：堅信自己的妻子與他人有染。

3. 強迫意念：腦中一直浮現不該有、想停止卻停不了的想法。如腦中一直浮現要殺死鄰居、鼻子太塌或身材太胖（可疑為身體臆形症）、認定身體有病（可疑為慮病症）。

四、認知障礙

1. 缺乏定向感：包括對人、事、時、地、物的正確感覺。

2. 缺乏判斷力：無法正確地評估情境並採取適切行動。

3. 記憶力障礙：無法正確記住某事物，失憶症即是出現此障礙。

4. 自我感缺乏：對自己是誰會有模糊感或覺得自己不是自己。

5. 缺乏抽象思考力：可問一句常用成語來測試，如問「失敗為成功之母」
   是什麼意思。

6. 計算能力障礙：可用 100 減 7、再減 7，簡易測量現有智商的計算能力。

五、語言障礙

1. 答非所問：問東答西，常見於思覺失調症。

2. 自言自語：有時出聲，有時只有嘴唇動，常見於思覺失調症。

3. 貧語：幾乎不太講話，常見於思覺失調症、憂鬱症。

4. 新語症：創造新的語詞，常見於思覺失調症。

● 貳、精神科團隊及簡易評估

一、精神科的專業團隊成員

　　精神科醫療院所對於精神病人的服務，是由各類專業人員組成的專業
團隊分工合作提供。

1. 精神科醫師：醫學會談、照會醫學檢驗、醫學診斷及藥物治療。

2. 心理師：心理衡鑑、心理治療的實施。

3. 社會工作師：家庭會談、家庭與社會支持網絡的聯繫與連結、家庭評
   估、個別輔導、團體輔導、婚姻治療、家庭治療、出院安置準備服務、
   志工召募及管理、院內慈善基金管理等。

4. 職能治療師：職能評估、職能復健。

5. 護理師：協助精神障礙者執行醫囑之醫療、協助檢驗、病人及家屬衛教、病房管理等。

　　通常個案及家屬到精神醫療單位就診時，精神科醫師會先進行整體評估與診斷，再由心理師進行心理衡鑑，社工師與家庭會談進行家庭評估，最後根據會談、觀察、測驗或醫學檢驗，以及與家屬對病史的描述來診斷個案屬於哪一類精神疾病，接下來，再由精神科醫師領導的團隊執行各專業的評估與醫療。目前精神科團隊成員中較缺乏對病因診斷的營養評估專業；完整的評估與治療須有營養評估與膳食療養，如飲食偏好評估與營養補充建議等。

二、評估工具

　　心理衡鑑是運用心理學知識、技巧所發展的工具，能有系統地蒐集個案資料，對個案做心理特質評估，如診斷、智力、知覺、情緒、人格等。國內精神科心理師使用的評估工具常見如下：

（一）智力測驗

　　「魏氏成人智力量表第四版」（Wechsler Adult Intelligence Scale-Forth Edition, WAIS-IV）、「魏氏兒童智力量表第四版」（Wechsler Intelligence Scale for Children- Forth Edition, WISC-IV）。

（二）人格測驗

　　「健康性格習慣量表」（Health, Personality, and Habit Test, HPH）、「畫人測驗」（Human Figure Drawing Test）、「屋樹人測驗」（Tree-House-Person Test）、「米隆多向人格測驗」（Millon Clinical Multiaxial Inventory, MCMI）、「人際行為量表」（Interpersonal Behavior Survey, IBS）、「基本人格量表」（Basic Personality Inventory, BPI）等。

（三）情緒評估

「貝克憂鬱量表」（Beck Depression Inventory- Second Edition, BDI-II）、「貝克焦慮量表」（Beck Anxiety Inventory, BAI）、「貝克自殺意念量表」（Beck Scale for Suicide Ideation, BSS）、「貝克絕望量表」（Beck Hopelessness Scale, BHS）、「貝克兒童及青少年量表」（Beck Youth Inventory, BYI）、「老人憂鬱量表」（Geriatric Depression Scale, GDS）、「簡式健康量表」（Brief Symptom Rating Scale, BSRS-5）。

（四）失智症評估

「簡易心智量表」（Mini-Mental State Examination, MMSE）、「認知功能篩檢量表」（Cognitive Abilities Screening Instrument, CASI）、「臨床失智評估量表」（Clinical Dementia Rating, CDR）。

三、簡易評估

以下列舉兩個快速評估情緒困擾與認知功能的簡易工具，提供實務者了解及使用。

（一）簡式健康量表

本量表是由台大醫院李明濱教授等人所發展，又名「心情溫度計」，是探尋心理衛生需求的篩檢工具，可幫助醫療或助人者具體了解個案情緒困擾的程度，並依據得分結果作適當處遇，目前廣泛地運用在自殺防治工作中。此量表包含五題症狀題組，每題選項及計分為：完全沒有 0、輕微 1、中等程度 2、厲害 3、非常厲害 4 共五項，總分的全距為 0 到 20，以高於或等於 6 分為篩檢之切分點。最後的第六題「有無自殺意念」是單獨評估題項，為一附加題，當本題評分為 2 分以上（中等程度）時，即建議尋求專業輔導或精神科治療。

簡式健康量表是讓個案回想最近一星期（包含評估當天）感到困擾或苦惱的程度。BSRS-5 總分≤ 3 分，可排除自殺危險。建議可先詢問是否有症狀，有的話再確定嚴重性，如表 5-1。

表5-1
簡式健康量表

本量表所列舉的問題是為協助您了解您的身心適應狀況，請您仔細回想在最近一星期中（包括今天），以下這些問題使您感到困擾或苦惱的程度，然後勾選一個您認為最能代表您感覺的答案。

性別：□男　□女　　年齡：　　　　　教育程度：　　　　　職業：

		完全沒有	輕微	中等程度	厲害	非常厲害
1	睡眠困難，譬如難以入睡、易醒或早醒					
2	感覺緊張不安					
3	覺得容易動怒					
4	感覺憂鬱、心情低落					
5	覺得比不上別人					
※	有自殺的想法					

自我量測總分：＿＿＿＿＿分

分數說明：
完全沒有：0分；輕微：1分；中等程度：2分；厲害：3分；非常厲害：4分
0～5分：身心適應狀況良好。
6～9分：輕度情緒困擾，建議找家人或朋友談談，抒發情緒。
10～14分：中度情緒困擾，建議尋求心理諮商或接受專業諮詢。
15分以上：重度情緒困擾，需高關懷，建議尋求專業輔導或精神治療。
※ 有自殺的想法評分，2分以上（中等程度）時建議尋求精神醫療專業諮詢。

註：引自社團法人臺灣憂鬱症防治協會。https://www.depression.org.tw/detection/index.asp

（二）簡易心智量表

　　MMSE 是 1975 年由 Folstein 與 McHuge 所制定，評估項目包括定向感、注意力、記憶力、語言、口語理解及行為能力、建構力等六項。評估過程無時間限制，滿分是 30 分，分數愈高表示認知功能愈好，答對一項給 1 分。總分若低於 24 分，表示個案有輕度認知功能障礙，若低於 16 分則表示有重度認知功能障礙，MMSE 與魏氏智力測驗 WAIS 之全表相

關值為 .83（衛生福利部臺南醫院，2023），可於網站 https://www.tnhosp. mohw.gov.tw 下載。

　　「簡易心智量表」目前實務上廣泛用在評估失智症，有時也會使用其中幾題作為快速評估個案的智能狀態，如：100 減 7 以初判個案的智商，若五題項答錯一題可初判智商為八十，錯兩題可初判智商為六、七十。國內全民健康保險規定診斷為阿茲海默症病患藥品給付為 MMSE 10 ～ 26 分。此外，亦可使用「簡易心智狀態問卷調查表」（Short Portable Mental State Questionnaire, SPMSQ）的十個題項評估，詢問以下十個題項：今天是幾號？今天是星期幾？這是什麼地方？您的電話號碼是幾號？您住在什麼地方？您幾歲了？您的出生年月日？現任總統是誰？前任總統是誰？您的媽媽叫什麼名字？另外，從 20 減 3 開始算，一直減 3 減下去。錯 0 ～ 2 題為心智功能完整、錯 3 ～ 4 題為輕度心智功能障礙、錯 5 ～ 7 題為中度心智功能障礙、錯 8 ～ 10 題為重度心智功能障礙，此調查表可上網搜尋下載使用。

　　社會安全網體系的助人者接案時，若發現未被確診過精神病、但確實須介入協助的個案，須轉介給醫療單位評估。若無法或暫時難以轉介，可先進行簡易評估，之後再與衛生局人員或醫療單位溝通以協助轉介。

（三）營養評估

　　「迷你營養評估表」（Mini Nutritional Assessment, MNA）於 1994 年為法國所發展，適用於判斷老人營養狀況，兼具篩選及評估功能，分營養篩檢及一般評估，計 18 題（可於網站查詢下載，如高雄榮民總醫院網站 https://wwwfs.vghks.gov.tw）。營養篩檢方面，評估食慾和進食情形、近三個月的體重變化、行動力、近三個月的精神壓力情形、身體質量指數等六項，共計 14 分，若 ≥ 12 分則暫無營養不良危險，≤ 11 分則有營養不良危險；一般評估方面，包含獨立生活、服藥情形、皮膚狀況、飲食量、蛋白質攝取量、蔬菜水果攝取量、水分液體攝取量、進食形式、自覺營養情形、自覺健康狀況、臀中圍、小腿圍等，總計 16 分；兩大項合計 30 分，

≥ 23.5 分為營養狀況良好、17.5 ～ 23 分為有營養不良危險、≤ 17 分為營養不良。

　　評估個案的營養狀況時，助人者可簡易詢問以下問題來初步了解：

1. 每天是否吃到一個拳頭大的水果？
2. 每天是否吃維生素 B、C 及鈣鎂之營養補充品？
3. 每週是否吃到半個手掌心的海魚？
4. 每週是否吃到半個拳頭大的堅果？

第六章

精神病：
思覺失調症、妄想症、器質型
精神病

● 壹、概述

　　精神病的特徵是混亂的思考、怪異的行為以及與現實脫節，是精神障礙中最嚴重的一群，在發病時會有混亂的行為與思考，但在發病期前與緩解期之混亂程度相對低，包含思覺失調症、妄想症、器質型精神病。傳統上，重鬱症與躁鬱症也歸於此大類，稱為情感型精神病，因其在發病下之言行幾乎接近精神病之定義，但尚未完全解組，目前歸在情緒型障礙症。

　　西醫認為「病」是指已經有清楚的病因病理，而尚不能確定其原因者都稱之為「症」，指一群症狀集合的病，病理目前尚不清楚。故精神疾病的眾多診斷，多以「症」呈現。思覺失調症的症狀可分為正性症狀與負性症狀。正性症狀是指一般人於常態時不會出現的情形，但患者呈現比正常人突出的症狀，如妄想、幻聽幻視、混亂思考、僵直行為等；而負性症狀則指患者比正常人較為缺少的症狀，如情感平淡、語言貧乏等。

　　思覺失調症全球盛行率約 1%，而台灣的思覺失調症盛行率約 0.4%（衛生福利部中央健康保險署，2012）。電影《美麗境界》（*A Beautiful Mind*）描述了諾貝爾經濟學獎得主約翰・納許（John Nash）罹患思覺失調症及接受治療、重回工作與家庭的過程，劇中呈現他以為中情局要他蒐集情報的妄想、經常與室友及小女孩對話的幻覺。然而實際上並沒有中情

局的任務，且隨著 Nash 求學、畢業、工作、結婚、生子等歷程，室友沒有變老，小女孩也沒有長大，一切都是他的思覺失調症狀。

妄想症雖然屬於精神病，但思考卻不混亂，只是怪異地指向五種妄想，即被害、誇大、宗教、關係、色情。其診斷須排除幻聽或幻視，單純只有妄想才可以考慮此診斷。若還合併有幻聽或幻視，則須考慮妄想型思覺失調症。但若未達精神病之損失社會功能程度，則應給予妄想型人格障礙的診斷。

而器質型精神病是因腦傷或物質濫用造成的精神病。本章主要介紹思覺失調症及妄想症。

貳、診斷

一、思覺失調症

在一個月內出現以下兩項（或更多）症狀。至少有一項必須為妄想、幻覺或胡言亂語（American Psychiatric Association, 2013/2014）。

1. 妄想。
2. 幻覺。
3. 胡言亂語（如經常離題或前後不連貫）。
4. 整體上混亂或僵直行為。
5. 負性症狀（如情感表達減少或動機降低）。

二、妄想症

1. 出現一種（或多種）持續超過一個月（含）以上之妄想。
2. 從未符合思覺失調症診斷準則 A（妄想、幻覺、胡言亂語、整體上混亂或僵直行為、負性症狀），判斷妄想須非來自幻覺。
3. 妄想的症狀並未明顯減損社會功能，且行為無明顯怪異。
4. 須排除躁症或鬱症引起可能之短暫妄想。

5. 須排除成癮藥物、強迫症、身體臆形症引起的妄想。

6. 須註明妄想內容是屬於何類妄想。（American Psychiatric Association, 2013）

參、病理與治療

一、生理醫學

　　過去五十年來的病理均認為思覺失調症患者的多巴胺過多，因而產生幻覺。多巴胺是傳導快樂的物質，故須透過藥理設計使多巴胺路徑神經細胞的接受端阻止吸收過多的多巴胺，以減低幻聽幻視。但近年整合分析研究發現，思覺失調症其實是細胞慢性發炎所造成，由於大腦發炎造成細胞激素的分泌具有神經毒性，會使多巴胺接受器過於敏感而造成幻聽幻視（Patlolla et al., 2022）。因此，增加抗發炎的飲食與營養品就能有很好的效果。

二、營養學研究

　　思覺失調症的生化分型方面，Walsh 分析 3,600 個思覺失調症患者的血液及尿液資料庫，發現 90% 的思覺失調可大致區分為三個生化型（或表現型）：46% 為甲基化過高，28% 為甲基化過低，另一種則是嚴重的氧化壓力稱之吡咯型，占 20%。每一個分型都有其獨特的症狀表現，臨床上可依此區分找出營養治療的方法（Walsh, 2014/2016）：

1. 甲基化過高型會表現出偏執、妄想、焦躁，此近似 DSM-IV 診斷的妄想型思覺失調症。給予葉酸可促進乙醯化而降低甲基，也可給予鋅、菸鹼素、維生素 B_6、B_{12}、C、E。此外，亦發現患者體內缺乏 Omega-3 不飽和脂肪酸，故可補充魚油、亞麻仁油。

2. 甲基化過低型會表現出僵直，此即 DSM-IV 診斷的僵直型思覺失調症。給予甲硫胺酸、SAMe、鈣鎂鋅、絲胺酸、維生素 A、B_6、C、D、E，可逐漸改善。

3. 吡咯型因過多氧化壓力而使身體產生過量的吡咯，同時造成鋅與 B_3 的缺乏，也發現體內缺乏 Omega-6 不飽和脂肪酸，在補充後（如月見草油）都會有所改善。病程中呈現出躁鬱、焦慮、幻覺，此近似情感型思覺失調症。

三、心理學與治療

　　鼓勵個案聽從醫師與專業醫療團隊的建議，並在聽從建議後給自己獎勵，如吃喜歡的東西或從事喜歡的休閒活動，這樣能讓個案逐漸改善，並減少服藥後的不舒服。

四、身心營養及保健教育

　　思覺失調症雖然有遺傳因素，但更多仍是由於壓力的因應不足，以及沒有規律服藥，故須克服此問題。建議個案及家屬要有病識感，找到能信任且有經驗的中西醫師，保持開放的心態，多吃抗發炎食物與進行經絡保健，情形會比不穩定吃藥也不攝取抗發炎飲食者好很多。

　　器質型精神病可隨時間與治療逐漸恢復，但也可能逐漸惡化而成為永久性障礙。專業人員須鼓勵個案與家人，對病情要有耐性，也須給予抗發炎營養、按摩神門穴與內關穴，並認真練習「手指操」的保健活動，以避免惡化。

案例 6-1

　　兒童保護社工接到某國小老師的電話，表示該校有家長精神病發作而不讓三個小孩上學，認為學校老師會把她的小孩帶走。兒保社工致電父親，父親表示妻子確實有思覺失調症，她一直懷疑老師會帶走小孩，所以不讓小孩去學校，他也沒辦法。繼續詢問其妻是否曾至精神科就診？父親表示有，但就是常常沒吃藥。經聯繫該醫院的社工員與醫師，同意讓她再住院，也跟父親討論怎麼執行，他表示只要騙妻子說要騎機車帶她出去走走就可以。於是約好幾天後的下午在醫院門口見面，並且由保全一起陪妻子進入醫院。沒想到抵達醫院後，妻子抗拒並拿起機車內的鐮刀要砍人。所幸經過大家的壓制，順利入住醫院，小孩也才能順利上學。

案例 6-2

　　現年 39 歲的阿振每天自行搭公車到社區的康扶之友協會，參加每日職能及復健活動，如：做操、打掃、烹飪、烘焙、手工藝、唱歌、運動、戶外活動等。規律的生活使原本罹患思覺失調症的阿振已多年不再復發，家人也感到欣慰。據媽媽表示，阿振在國中二年級的時候學業壓力甚大，老師希望阿振在激勵下有好成績，若未達老師所訂的標準就會被責打。然而，向來對自己期許高且個性內向的阿振壓抑這些壓力與情緒，即使已經休學在家，仍經常出現老師要打他的妄想及考試要考滿分的幻聽。父母親剛開始帶他去宮廟求神問卜、喝香灰，但是未見好轉，就這樣拖到 16 歲，經親戚告知要帶至精神科就診，才開始接受住院、門診、復健等正式治療。阿振在家人的支持下，病情穩定後由社工轉介康扶之友協會，從此回歸家庭與社區生活，持續定期回診，病情穩定。

案例 6-3

　　大德在科技業擔任工程設計師，30 歲後開始覺得公司同事與路上的行人都在針對他、談論他。他愈來愈覺得有一個總部在針對他，要偷走他腦中的所有想法，甚至知道他要去哪裡、覺得大腦被裝上通報器。他愈來愈常曠職，最後被解僱。最近母親發現他在床下放有一把菜刀，說是要和害他的人同歸於盡。經醫師詢問，他表示並沒有聽到別人聽不到的聲音，或看到別人看不到的東西。大德的診斷屬於妄想症。

肆、精神疾病患者的社區訪視與照顧

一、個案分級與訪視

　　社區對精神疾病患者的嚴重程度分為五級，專業人員依此原則提供個案及家屬社區訪視，愈嚴重者需要愈密集高關懷訪視，此為社會安全網的基礎工作。評估訪視頻率及內容如表 6-1。

表6-1
精神疾病患者社區家訪要點

對象	個案現況評估	照護間隔
一級	1. 新收案三個月內。 2. 出院追蹤三個月內（含經強制鑑定或強制住院出院後之精神疾病嚴重患者）。 3. 社區精神病患訪視追蹤紀錄中，活性症狀干擾性 4 分以上的精神病患。 4. 個案現況評分欄中「活性症狀干擾性」、「社區生活功能障礙」、「家屬對患者照顧之態度」、「心理問題／醫療上的問題」等四項總分達 20 分以上的精神病患。 5. 危險行為處理後，三個月內的個案。 6. 由各區督導會議討論決定。	1. 兩星期內訪視第一次。 2. 前三個月每個月內訪視一次。

表6-1
精神疾病患者社區家訪要點（續）

對象	個案現況評估	照護間隔
二級	1.一級對象 1、2、5 項滿三個月以上。 2.社區精神病患訪視追蹤紀錄中，活性症狀干擾性 3 分以上的精神病患。 3.個案現況評分欄中「活性症狀干擾性」、「社區生活功能障礙」、「家屬對患者照顧之態度」、「心理問題／醫療上的問題」等四項總分達 15 分以上的精神病患。 4.由各區督導會議討論決定。	三個月訪視一次。
三級	1.二級對象 1 項追蹤第六個月以上。 2.社區精神病患訪視追蹤紀錄中，活性症狀干擾性 2 分以上的精神病患。 3.個案現況評分欄中「活性症狀干擾性」、「社區生活功能障礙」、「家屬對患者照顧之態度」、「心理問題／醫療上的問題」等四項總分 8 分以上的精神病患。 4.由各區督導會議討論決定。	六個月訪視一次。
四級	1.社區精神病患訪視追蹤紀錄中，活性症狀干擾性 1 分以上的精神病患。 2.個案現況評分欄中「活性症狀干擾性」、「社區生活功能障礙」、「家屬對患者照顧之態度」、「心理問題／醫療上的問題」等四項總分達 4 分以上的精神病患。	一年訪視一次。
五級	特殊個案，精神醫療無法接觸，但有干擾行為者。	經督導會議討論後決定。

說明：「活性症狀干擾性」是指病人在情緒、行為、思考、知覺、記憶力、注意力等方面的明顯干擾程度。
註：引自精神病父掐死蔡童糾正案報告（頁 3-4），監察院，2017（https://www.cy.gov.tw/public/Data/108mo/106%E5%85%A7%E6%AD%A30001.pdf）

二、社區精神疾病患者優化照顧計畫

衛生福利部（2022）為促進精神病人於社區中生活，減少其因不遵醫囑而有疾病復發情形，並加強未達強制住院要件且不願接受住院治療，但仍有病情不穩風險病人之社區照護，於 112 年擬將計畫擴大至全國 22 縣市，補助各醫院辦理，以擴展社區精神病人服務涵蓋率及效益。計畫內容為：

（一）服務對象

　　針對社區特定高風險精神疾病個案（含非追蹤關懷而被護送就醫者、衛生局追蹤關懷訪視困難之精神病個案、社區危機處理後之精神病個案、門診或急診醫師建議住院但不願意住院之精神病個案、警消協助送醫精神病個案、強制住院送審後而未住院之精神病個案等），以及相關網絡體系轉介之疑似精神病個案，進行就醫評估、緊急處置及提供社區外展照護，以提供連續性照護服務。

（二）工作方式

　　「在三個工作天內」指派有兩年以上精神照護服務經驗之精神衛生護理人員，偕同轉介單位到場訪視個案（個案如有暴力史、犯罪史或物質濫用史等複雜情形，考量訪視人員人身安全，應通知警政單位派員偕同評估，必要時得指派精神科醫師到場評估訪視），提供關懷、衛教、轉介資源，並將訪視評估結果及追蹤狀況回報給衛生局，對於高風險需緊急就醫者，必要時安排住院治療。

（三）結案標準

　　服務個案的結案與轉介標準，如表 6-2。

表6-2
社區精神疾病個案之結案與轉介標準

結案標準	轉介標準
1. 精神症狀穩定且依據計畫所訂關懷頻率滿三個月，並完成資源轉介。 2. 服務未滿三個月或醫療團隊評估可結案時，依轉介標準完成轉介者。 3. 個案、家屬拒絕訪視，並協助資源轉介。 4. 失聯。 5. 遷移、入監、死亡。 6. 其他。	1. 精神病症狀不穩／惡化 　‧住院治療 　‧強制住院 　‧強制社區治療 2. 精神病症狀穩定 　‧門診追蹤 　‧居家治療 　‧衛生局／衛生所公衛系統追蹤 　‧精神復健機構

註：引自衛生福利部（2022）。

第七章
情緒型障礙：
憂鬱症、輕鬱症、躁鬱症

● 壹、概述

　　情緒型障礙是一組以情緒表現為主的精神障礙，包含兩大類：只有憂鬱症狀的憂鬱症及包含躁症症狀的雙相情緒障礙症（bipolar disorder）。比較嚴重的是重鬱症與躁鬱症，這兩種被認為發病時已達到精神病的程度。比較輕微的是輕鬱症與循環性情緒障礙症，這兩種被認為是精神官能症的程度。

　　憂鬱症與輕鬱症的診斷差別是：憂鬱症在兩週內有明確想死的念頭與作為，而輕鬱症則是在兩年內有對人生無望的想法，若是未滿 18 歲的兒少則是持續一年即為此診斷。我國的輕鬱症與憂鬱症人口約達 6%，國內已發展「台灣人憂鬱症量表」（楊明仁、施春華，2001；顏如佑等人，2005）可供檢測。

● 貳、診斷

一、憂鬱症

　　符合以下至少五項症狀在兩週中同時出現，造成先前功能改變；至少包含憂鬱情緒或失去興趣（或愉悅感）（American Psychiatric Association, 2013/2014）。

1. 幾乎整天且每天心情憂鬱，可由主觀報告（如感到悲傷、空虛或無助）或他人觀察（如看起來在哭）得知（註：孩童及青少年可能是情緒易怒）。

2. 幾乎整天且每天明顯對所有活動降低興趣或愉悅感（主觀說明或他人觀察）。

3. 體重明顯減輕或增加（一個月內體重變化超過 5%），或幾乎每天食慾降低或增加（註：在孩童，需考量無法達到預期體重）。

4. 幾乎每天都失眠或嗜眠。

5. 幾乎每天精神動作激動或遲緩（別人觀察到，不只是個人主觀感受不安或緩慢）。

6. 幾乎每天疲倦或無精打采。

7. 幾乎每天自我感到無價值感，或者有過度或不恰當的罪惡感（可能達妄想的程度；不僅是對生病自責或內責）。

8. 幾乎每天思考能力和專注力降低，或是猶豫不決（主觀報告或他人觀察）。

9. 反覆想到死亡（不只是害怕死亡），反覆有自殺意念而無具體計畫，或有自殺舉動，或是有具體的自殺計畫。

二、輕鬱症

　　是指 DSM-IV 中定義的慢性鬱症（chronic major depressive disorder）和輕鬱症（dysthymic disorder）兩者的合併現象。在一天之中大部分的時間都覺得心情憂鬱，至少持續兩年；兒童及青少年可能表現為易怒情緒，必須至少為期一年。當感到憂鬱時，同時出現下列兩項（或更多）症狀（American Psychiatric Association, 2013/2014）。

1. 食慾變差或吃太多。

2. 失眠或嗜睡。

3. 無精打采或疲勞。

4. 自卑。

5. 專注力差或難以做決定。

6. 無望感。

三、躁症

　　有一段明顯的情緒困擾並持續情緒高昂、開闊或易怒的時期，不斷進行目標導向活動，持續至少一週，將近一整天和幾乎每一天皆呈現此種狀態（如果需要住院，則持續時間不限制）。在情緒困擾時期，出現以下至少三項症狀（若只是情緒易怒則需出現四項症狀），明顯改變平常行為且已經影響日常工作、人際，或需要住院以預防傷害自己或他人（American Psychiatric Association, 2013/2014）。

1. 自尊膨脹或誇大。

2. 睡眠需求降低（如只睡 3 小時就覺得休息足夠）。

3. 比平常更多話或滔滔不絕無法停止。

4. 思緒飛躍或主觀感受想法洶湧不止。

5. 報告或觀察到分心（注意力容易被芝麻小事或不相關的外在刺激所分散）。

6. 增加目標導向的活動（社交、職場或學業、性），或者精神動作激動（如無意義的非目標導向行為）。

7. 過度參與可能會帶來痛苦結果的活動（如不停採購、隨意性的行為或貿然投資）。

　　輕躁症是指符合上述診斷三項或更多的症狀，連續至少四天，並且整天，幾乎每天皆呈此狀態。

四、雙相情緒障礙症

（一）第一型雙相情緒障礙症（bipolar I disorder）

　　第一型雙相情緒障礙症即以往所稱之躁鬱症（mainic-depressive

disorder），這類型的特徵診斷標準是過去至少出現過一次的躁症發作，持續至少一週，此亦包含一生只發生過一次躁症發作者，亦即只要在過去曾經出現過一週的躁症發作，即診斷為第一型雙相情緒障礙症（Kring et. al., 2016/ 2017）。

（二）第二型雙相情緒障礙症（bipolar II disorder）

第二型雙相情緒障礙症的特徵是至少有一次的鬱症發作，以及一次的輕躁發作，是否有躁症發作為區分這二型的依據（Kring et. al., 2016/ 2017）。

五、循環性情緒障礙症

循環性情緒障礙症的經常交替出現輕度憂鬱和輕度躁症症狀，即使沒有到鬱症或躁症的發作，但是周遭親友仍會觀察到其情緒在鬱與躁的變化（Kring et. al., 2016/ 2017）。

案例 7-1

阿良是一位服義務役的工程預官，擁有碩士學歷，下部隊後擔任營部參謀。他的生活起居單純，雖不用帶領部隊但仍覺得有高壓力，常常覺得剩下的役期會當不完，每天想著不如死了算了，故部隊不敢讓他拿槍，也減少他的勤務。阿良放假回家時跟父母講自己不想回部隊，若強迫他回去，他就會去跳河或撞火車自殺。心輔官詢問他，部隊已經減少他的壓力、降低工作量，為什麼他還是感覺這麼大的壓力？心輔官與他面談時，阿良全身顫抖、坐立不安，表示他就是沒辦法接受部隊生活，並哭泣抓狂說不然他就去死。經轉介國軍醫院確認，診斷阿良為憂鬱症。

案例 7-2

　　阿和是經營參考書籍的書店老闆，工作認真努力，生意不錯；但是商場如戰場，接連好幾個書商搶下他原本穩定的市場，令他感到巨大壓力，出現自殺意圖，在半年期間吃兩次安眠藥欲輕生，經醫生診斷為憂鬱症。在服藥並接受心理諮商後，阿和逐漸康復，感覺宛若重生想要回饋社會，進而開辦憂鬱症關懷協會，推廣憂鬱關懷及自殺預防。

案例 7-3

　　阿義是在鄉下種水果的果農，連續兩、三個禮拜都只睡兩個小時，因為訂了兩部汽車與一棟房子都無法付款而被舉報，事後表示極度後悔，覺得對不起太太與家人。他在喝農藥自殺後被送到醫院，經精神科醫師診斷為躁鬱症。

參、病理與治療

一、生理病理

（一）基因

　　基因研究後設分析發現，遺傳占憂鬱症病因的 37%（Sullivan et al., 2000）。

（二）發炎引起

　　截至 2017 年的教科書皆稱憂鬱症乃血清素分泌不足，導致穩定情緒的血清素無法發揮作用，因而開發出抗憂鬱的藥物：單胺氧化酶抑制劑（Monoamine oxidase inhibitors, MAOI）、選擇性血清素再吸收抑制劑

（Selective serotonin reuptake inhibitors, SSRI），如百憂解。MAOI 調控大腦的單胺氧化酶（monoamineoxidase, MAO），從而控制大腦中生成多巴胺（dopamine）、血清素（serotonin）和去甲腎上腺素（norepinephrine）等神經傳遞物質達健康含量。SSRI 則因血清素過少而控制接收端減少回收多餘血清素。

許多後設分析研究皆已證實憂鬱症、心血管疾病、糖尿病、癌症等皆與身體發炎有關（Colasanto et al., 2020; Herbert & Cohen, 1993; Howren et al., 2009; Ridker et al., 2000）。陳俊旭（2011）提出慢性病的源頭是慢性發炎，因為飲食錯誤、睡眠不足、情緒壓力、毒素氾濫、運動缺乏造成組織損傷無法修復，發炎細胞持續分泌細胞激素，傷口有血管增生及纖維化。長久下來，不僅身體細胞發炎生病，心理亦受影響而產生精神障礙。

心理社會壓力會透過多種發炎路徑影響情緒，如交感神經活化會刺激核因子 kappa B 轉錄出一系列發炎介質。動物研究發現，心理壓力會增加麩胺酸的釋出，促使神經膠細胞將三磷酸腺苷（一種應當在細胞內供作能量的分子）排出。當三磷酸腺苷出現在細胞外時，則引起發炎體活化，增加 IL-1β（一種細胞激素）與 TNF-α（腫瘤壞死因子）的分泌，導致腦部發炎（陳俊旭，2011）。當體內發炎時，促進發炎反應的免疫物質被大量製造，如 IL-6、TNF-α 與 CRP（C 反應蛋白），它們通過嚴密的血腦障壁進到大腦組織內，對許多神經傳導物質的作用都產生威脅。例如 IL-6 不但會抑制神經傳導物質的釋放，也對興奮性神經傳導設下重重阻礙，使其傳遞緩慢，也就是訊號蛋白本身具有阻礙神經之毒性（黃智群、張芸瑄，2020）。

（三）生理治療

醫師通常會開具抗憂鬱劑處方給憂鬱症患者，以增加血清素分泌量，也會開安眠藥使其容易入睡。抗憂鬱劑都需要兩到三週才逐漸產生作用。抗憂鬱劑分為四大類，分別是：三環抗鬱劑（TCA）、選擇性血清素再吸收抑制劑（SSRI）、正腎上腺素與血清素回收抑制劑（SNRI）、其他類。

2018 年憂鬱症使用抗憂鬱劑以 SSRI 最多，占 38.2%；其次是 SNRI，占 30.7%；最少是 TCA，占 1.1%，因副作用大而幾乎不用（劉嘉韻、李樹人，2019）。躁鬱症者在躁期會優先開給鋰鹽以快速壓抑狂躁，利用鋰鹽的高活性搶走體內的電子，使患者能快速穩定行為，但須每月抽血監控鋰鹽在血液的含量。

　　近二十年來已有跨顱磁刺激療法（transcranial magnetic stimulation, TMS）與跨顱直流電刺激療法（transcranial direct current stimulation, tDCS），以電磁與弱電刺激大腦對憂鬱症有實證療效。

二、心理病理

（一）認知三元論

　　美國精神科醫師 Aaron Beck 發現憂鬱的人有持續不理性思考模式，因而提出認知治療（cognitive therapy）。Beck 提出認知三元論（cognitive triad），指憂鬱症患者對「自我、世界和未來」常持一種負面觀點，總會一直錯估當前情況，並依照過去經驗，認為自己是一名失敗者，世界充滿挫折，未來是淒涼的（李素芬，2004）。因此持續災難性思考，認為自己會一直悽慘下去。

（二）心理治療

　　協助個案辨識憂鬱想法、轉換正向想法。大多是協助個案釐清憂鬱情形與想法如何開始、轉變及惡化，以及至今最不舒服的事有哪些、感到最快樂的時候是何時。透過轉換想法、參與休閒活動、觀賞自然景觀、看網路笑話集、練習大笑療法，都是很好的心理調適方法。

三、身心保健技巧

（一）多吃抗發炎食物減少發炎

　　抗發炎營養包括：含維他命 C 的蔬果，含維生素 B 群的糙米、豬肝

（其中 B_3、B_6、B_9、B_{12} 都能保護神經），含 EPA 的深海魚如鯖魚、秋刀魚、鮭魚等。烹飪油改用葵花油、芥花油、橄欖油代替大豆油，都能減少發炎源頭的四烯酸與前列腺素。營養品中消炎功效最強的硫辛酸也是安全的好選擇。有失眠症狀者，洗澡時用熱水泡腳，睡前吃 1 到 2 顆鈣鎂鋅片，有改善失眠、穩定心搏的保健效果。

（二）按摩穴位

中醫對於精神疾病有「腦病心治、心腦合一」的說法，認為所有腦神經疾病的源頭都在心臟，所以只要照顧好心臟，即能改善精神狀況，因此經絡學對於所有精神疾病都主張對心經與心包經的調理。例如董延齡中醫師建議對心經的「神門穴」與心包經「內關穴」按摩 5 至 10 分鐘。有失眠症狀者，睡前可按摩肝經「太衝穴」；若要降低發炎狀態，則可按摩大腸經「合谷穴」。

（三）運動／散步

家人、朋友等重要他人可主動邀請並鼓勵個案外出散步或快走，最好能逐步養成每日習慣，接收陽光的照耀，提升血清素的分泌。在運動過後，靜坐／冥想五分鐘（依據個人情況或習慣調整時間），集中心思在當下，促進身心調和。

第八章
精神官能症：
創傷後壓力症、焦慮症、
恐慌症、強迫症

◖◗ 壹、創傷後壓力症

一、概述

　　創傷後壓力症（posttraumatic stress disorder, PTSD）在 1980 年成為《精神疾病診斷準則手冊》第三版（DSM-III）的一個診斷，顧名思義此為遭遇創傷事件後會產生的症狀。隨著諸多重大災難的發生，影響個人在身心適應上的障礙，經由衛生機關的宣導及媒體報導，現已廣為多數民眾所熟知。在生活中遭遇非預期中的事情，尤其是重大危及生命事件，人們在生理與心理上多半會有因應的本能，讓自己能夠度過這個過程，之後即逐漸恢復常態。通常在事件發生的一個月內為急性期，呈現急性壓力症，逾一個月則是創傷後壓力症。

　　如果這個過程延宕過久，遲遲未能恢復常態，事件當時的影像一再干擾身心，即可能呈現創傷後的壓力症狀，若未能察覺及處理，症狀慢性化的結果即是憂鬱、焦慮（Herman, 2015/2018），這是必須正視的心理衛生議題。

二、診斷

　　PTSD 的中文翻譯，以往皆譯為「創傷後壓力疾患」或「創傷後壓力症候群」，DSM-5 則譯為「創傷後壓力症」。一般來說，創傷事件本身的嚴重性不一定是造成創傷症狀嚴重度的主要因素，而是個人感受到創傷事件的痛苦程度，此痛苦感受的程度與個人性格、對事件的詮釋、事件後是否受到關心、獲得支持的程度均有很大關係。

　　PTSD 的主要特徵是當事人親身經歷創傷事件，即指遭遇天災、人禍所造成的傷害。天災如地震、颶風、颱風、土石流、海嘯等天然災害所造成的傷亡；人禍如戰爭、恐怖殺戮、火災、交通意外（車禍、空難、船難等）、凶殺、綁架、家庭暴力、兒童虐待、目睹暴力、性侵害等事件。須是當事人親身經歷，或創傷事件因當事人而發生、近親或親密朋友發生死亡或威脅生命的暴力或意外創傷、反覆暴露在創傷事件的細節中，且創傷症狀持續超過一個月，困擾個人生活、人際、工作等面向，造成功能明顯的受損。

　　DSM-5 將 6 歲以下的幼兒及 6 歲以上的兒童、青少年、成年人的診斷加以區別。PTSD 的症狀有創傷影像重現、逃避、負面認知感受及警醒度增高等四項（American Psychiatric Association, 2013），分別說明如下：

（一）創傷影像重現（出現一項或以上）

1. 不由自主地在腦海中重複當時痛苦的影像、記憶或想法。兒童會在遊戲過程中重現事件的創傷情景。如：坐在教室裡上課，腦中突然浮現當時的恐怖影像，是一種不預期的出現。

2. 經常做與創傷有關的惡夢。兒童的夢境可能是無法辨識內容的、嚇人的惡夢。如：在睡眠中重現與當時情景一樣的夢，或是出現類似創傷感受、令自己懼怕的惡夢，像是一直被人追趕到懸崖邊，或是被追趕到頂樓無處可逃。

3. 對於創傷事件失去感覺或難以表達，出現解離反應，如失去自我感與失去現實感／真實感。失去自我感是跳脫自我而在外面看自己的感覺，

失去現實感或真實感則是覺得自己不是自己。兒童則是在遊戲中一再出現特定創傷的反應，如在扮家家酒遊戲中，會出現爸爸與媽媽吵架時小朋友躲在門後看的情景。

4. 回想起創傷事件的細節，明顯感到心理痛苦。如：一想到這件事時，心裡有種說不上來的痛苦感受。

5. 回想起創傷事件的細節時，明顯感到身體的痛苦。如：一想到這件事時，身體會很不舒服，如頭痛、胸悶、耳鳴、胃痛等。

（二）持續逃避與創傷相關的人事物（出現一項或以上）

1. 會努力避免與創傷有關的思想／想法、感受或談話。如：極力避免聽到、去談、去想、去感受此類創傷事件相關的內容，像是電視新聞報導類似新聞時，馬上轉台。

2. 會努力逃避引發創傷的活動、地方或人、事、物。如：避免經過事發的地點，所以繞路而行；看到某人穿著與事件當時加害人同樣顏色的襯衫，會避免與此人接觸。

（三）負面的認知感受（出現兩項或以上）

1. 無法回想起創傷事件的重要部分。如：性侵害案被害者接受警詢筆錄時，無法記起當時的過程細節。

2. 對自我與世界產生負面的看法。如：自己怎麼這麼糟糕、怎麼會碰到這樣的事、覺得這個世界很可怕、無法信任別人。

3. 自責。如：責備自己當時為何沒有多注意些，或是當天不要出門就好了；是不是因為我不乖，所以爸爸、媽媽會吵架。

4. 持續的負面情緒狀態，如恐懼、驚恐、憤怒、罪惡感或羞愧。如：因為創傷事件的衝擊，對任何事都抱持負面情緒，從弱到強的感受皆有。

5. 對於重要活動降低興趣或減少參與。如：原本喜歡跟朋友在假日約去打球，因為心理的痛苦，之後都不再外出運動了。

6. 疏離的感受或與他人疏遠。如：對人或物的不信任與害怕，刻意與他人保持距離，很少參與活動，也就自然地遠離人群。

7. 情感範圍侷限。如：情緒感覺受限於負面知覺，不會有正面的或更豐富的情感表達。

（四）警醒度增高（出現兩項或以上）

1. 躁動或攻擊行為。如：容易因為某些事情而與他人衝突，或甚至與他人打架。

2. 無視於魯莽行為後的結果或自我傷害行為。如：因為心理痛苦而拿刀割自己的手，或用菸蒂燙自己的大腿或手臂。

3. 過度警覺。如：隨時保持在警戒的狀態，外面有聲響，就會去探看是否有人或發生什麼事。

4. 神經質的驚嚇反應。如：別人叫自己的名字時，有過度的驚嚇反應。

5. 無法專注。如：上課時常因恍神或想別的事情而不專心，或上班時難以專心完成工作。

6. 睡眠困擾。如：難以入眠，或是睡著了卻因惡夢驚醒，難以維持安穩睡眠。

案例 8-1

　　某國小音樂教師對一名五年級男童施虐，利用早自習或放學後的獨處時間，多次在音樂教室徒手或以鼓棒毆打男童的頭、臉、後腦勺、鼻梁、小腿骨，也曾用鼓棒敲擊男童生殖器導致陰囊破皮，並揪著他的衣領恐嚇不得向父母透露。當得知男童告訴父母後，更施以嚴厲的辱罵與恫嚇：「如果你回去敢跟爸媽說，你就死定了。」男童以為說了只會更慘，不敢再告訴父母實情，只覺得自己是被放棄的爛人。男童因受暴產生身心變化，隔年初開始持續頭暈、腹痛、腹瀉，升上六年級剛開學，就多次在班上、家中反覆暈厥，呈現精神解離症狀，不斷尖叫呼救、求饒，彷彿重陷遭虐情境。男童寫信向法官詳述被凌虐的夢魘，受暴陰影至今揮之不去，惡夢連連，幾乎沒睡過好覺，耳中都是被辱罵的聲音，根本無法像同學一樣專心思考和開心上學，後經醫院診斷為長期遭虐的創傷後壓力症（張文川，2022）。

案例 8-2

　　心輔官在某次休假的半夜裡，被同事急電要求回到部隊，說有人被發現在營區拿槍威脅要自殺，長官要求趕快回營處理。經細問方知是剛收假的士兵，趕緊致電家屬，姊姊卻說弟弟死了就算了。經詢問，姊姊娓娓道來，原來弟弟當天中午向在自助餐店工作的媽媽要兩千元，而媽媽只給他一千元，他就推倒店前的一堆摩托車並大聲吵鬧。心輔官詢問她的弟弟脾氣一向這麼差嗎？姊姊說小時候不會。再細問是否曾經發生了什麼事而變成如此？姊姊說他在國中二年級，有一次肚子餓了，煎荷包蛋吃，但卻引發瓦斯爆炸，造成大腿以下嚴重灼傷，住院三個禮拜後，從此就脾氣變壞並逃學。只要家裡沒給錢，就會把家裡弄得亂七八糟。

　　心輔官回到營區後，看到該士兵在營區的角落被其他士兵包圍住，於是走過去告訴他：「我知道昨天發生的所有事情，你一定很氣家裡為什麼沒有人能了解你，但是心輔官了解你。」後來聽到他在啜泣，便趁機過去把槍踢開，告訴他沒事了，請他先休息，早上再安排作心理測驗。

　　經填答「柯氏性格量表」結果，該士兵稱會聽到別人聽不到的聲音，是瓦斯爆炸聲。再次詢問後，他說就是國二時候的瓦斯爆炸聲，稱當時一個月可以聽到七、八次，現在是一、兩個月會聽到一次，經判斷應是創傷後壓力症。心輔官寫完心理報告給長官，稱需進一步確診，並帶他至國軍醫院精神科就診。醫官表示怎會又帶他回來？他上個月才在此住院一週並被送回去，診斷是反社會人格。心輔官於是提供心理測驗報告，醫官當場問他是什麼聲音，他說是爆炸聲，醫官再次評估後確認他有創傷後壓力症。

三、複雜性創傷後壓力症候群

除了創傷後壓力症狀外，複雜性創傷後壓力症候群（complex PTSD）已於 2022 年被收錄在《國際疾病分類系統第十一版》（ICD-11），Perry Walker 描述其診斷：個體在接觸具威脅或恐怖的事件後，可能發展出的疾患，尤其是長時間或重複發生且難以逃離或無法逃離的事件。必須符合創傷後壓力症的所有診斷標準，具有嚴重且持續性的情緒調節問題，相信自己是渺小的、挫敗或無價值的，並且感到與創傷事件有關的羞恥、罪惡感或挫敗，難以維持關係或與他人親近。整體而言，複雜性創傷症候群包含創傷後壓力症的侵入、逃避、受威脅感（警醒度），以及自我組織障礙的情緒失調、負面自我概念、關係問題等（Perry, 2014/2020）。此症狀造成個人、家庭、社交、教育、工作或其他重要領域的功能顯著損壞。

四、病理與治療

（一）生理學

臨床醫學研究發現創傷後壓力症者的海馬迴比一般人萎縮很多，而海馬迴體積較小的正常人日後若發生創傷，也比較容易得到創傷後壓力症。海馬迴的功能是將短期記憶轉成長期記憶，很顯然有此障礙的人在創傷事件當下所遭受的驚嚇讓該事件容易轉成長期記憶，創傷當下可能使海馬迴在生理上的正常功能受阻（Kring et al., 2016/2017）。藥物方面，可多給予血清素再吸收抑制劑（SSRI）的抗憂鬱劑，如百憂解，有時也給予抗焦慮劑或肌肉鬆弛劑，以改善焦慮與肌肉緊繃。

壓力事件造成認知功能失調、內分泌代謝的問題，導致身體慢性發炎造成神經傳導物質失衡，使得腦下垂體、下視丘、腎上腺軸功能障礙、食慾相關的脂肪細胞激素以及神經元活動改變。營養的介入可降低發炎，讓身體能儲備處理壓力的能力（健康網，2023）。Hoffer 等人（2011/2014）建議補充菸鹼素（B_3）調節因壓力造成的細胞受損。

（二）心理學與治療

心理學的解釋認為創傷反應是人類對生存的正常反應，故對於危及生命的事件會有恐懼反應是很正常的。但是創傷事件過大或過久，會對日後的可能創傷事件有所警戒，而過度警戒的行為持續下去會造成人際關係與職業生活的破壞。因此，從行為學派可以解釋前段的創傷反應，其造成恐懼而害怕未來的任何創傷事件，這段是屬於古典制約；如果日後能持續警戒且成功地預防事件的發生，會讓自己減少再次碰到創傷而得到安全，這就是屬於操作制約。

心理治療通常會使用暴露法，治療師會跟個案討論之後再決定是否使用。如想像式的暴露法或是可以增加實際場景的暴露法，效果會比單純藥物治療好很多，畢竟藥物治療一停藥就會回復原來的病況。

（三）身心及衛生保健

1. 重新詮釋創傷帶給自己的人生意義

社工人員與治療師可在與個案建立關係後，鼓勵個案昇華創傷到人生困境的體驗學習。如鼓勵思考：「我從這場困境或災變中體會到什麼，從而可以讓自己更堅強。」重新建構對創傷事件的詮釋，帶給自己生命的學習與意義內涵。

2. 重要他人的支持

重要他人如親戚朋友可以陪伴個案，使其有可以談話的對象，並鼓勵他蒐尋身心健康的書籍與網站，或是從所信仰的宗教中獲得正面的認知與詮釋，讓個案可以取得正向力量。也要同理創傷造成個案的不適，不予苛責。若症狀仍持續不適，則應陪同他至精神科就診。

3. 營養保健

上午吃 B 群、魚油，睡前吃鈣鎂片，使白天能有精神，夜晚能好眠。在穴位按摩方面，建議按摩神門穴與內關穴可穩定心搏與情緒，睡前再按摩太衝穴，以改善肝膽與睡眠。

貳、焦慮症

一、概述

　　焦慮症（anxiety disorder）是對不特定對象或情況的普遍焦慮，畏懼症（phobia）是對單一對象或情況的極度害怕，恐慌症（panic disorder）是在特定或不特定時空下突然感到心悸、發冷、極度害怕等不適感。這三類以及特定地點畏懼症、社會焦慮症都屬於「焦慮型障礙」。焦慮症在美國是最普遍的心理疾病（Thayer, 1987），估計全美有 2% 到 5% 的人在一生中曾經驗焦慮型障礙，且女性比男性多（Kessler et al., 2007）。

二、診斷

（一）廣泛性焦慮症

　　廣泛性焦慮症（generalized anxiety disorder）是指個案對許多事件或活動有過度的焦慮和擔憂，且難以控制，至少持續六個月期間內，有此症狀的日子比沒有的日子多。此症狀引起身體不適症狀，並造成在社交、職業或其他重要功能的困難。此焦慮和擔憂合併以下六個症狀中的至少三項（兒童只需要符合一個項目）（American Psychiatric Association, 2013/2014）：

1. 坐立不安或感覺緊張、心情不定。
2. 容易疲勞。
3. 注意力不集中，腦筋一片空白。
4. 易怒。
5. 肌肉緊繃。
6. 睡眠困擾（難以入睡、保持睡眠，或坐立不安、睡不滿意）。

（二）社交焦慮症（昔稱社交畏懼症）

　　社交焦慮症（social anxiety disorder）是指個案對一種或多種社交或

表現的情境（如說話、演講等）明顯感到持續恐懼或焦慮。雖能理解自己的害怕是過度或不合理的，仍會恐懼或焦慮。會逃避所害怕的社交情境或表現情境，或須承受著強烈的焦慮或痛苦。該恐懼或焦慮、或身處害怕情境所承受的痛苦，會顯著地干擾正常生活、職業（或學業）功能、社交活動或關係，或面臨此種恐懼會感到極大的痛苦。

（三）畏懼症

又譯為恐懼症，全名為特定恐懼症（specific phobia）。個案強烈、持續地畏懼某事物或情境，接近該事物或情境時就會迅速焦慮（如怕蟑螂或怕高），甚至出現類似恐慌發作的症狀。有時候什麼事都還沒發生，只是光「想到」，就會出現預期性的焦慮。

DSM-5 將原名懼曠症改為特定場所畏懼症（agoraphobia），診斷準則中指出對五種場合中的兩種（或更多）具有顯著的恐懼或焦慮：搭乘公共交通工具（如汽車、巴士、火車、船隻、飛機）、在開放空間（如停車場、市場、橋梁）、在封閉的場所（如商店、劇院、電影院）、排隊或在人群中、獨自在家以外的地方（American Psychiatric Association, 2013/2014）。

三、病理與治療

Mowrer（1947）提出所有焦慮型障礙都會經歷兩種行為學派的過程，第一個是古典制約，第二個是操作制約。也就是在第一次的焦慮情緒出現時，因感到強烈的害怕而開始害怕該中性情境；之後為了避免害怕而持續逃避焦慮的情境，以獲得較舒適安全的感覺。故在治療時設計三階段，第一階段是系統減敏感法，將焦慮的情境從低到高分列，首先請個案閉眼想像該情境，再上加肌肉放鬆，務必放鬆到一成或無，再換到下一個情境；第二階段是實際情境的想法認出與更換；第三階段是實際情境的漸進練習及當場的肌肉放鬆訓練。這三個階段各可稱去敏感化、新想法代替、去制約化。

此外，對於壓力或挫折的想法，可透過信仰，或跟正向的、有智慧的

親友學習正面想法，亦可透過正念、冥想，緩和壓力穩定情緒。印度一位醫師推廣大笑瑜珈，提出只要每天大笑幾分鐘，就能因吸入大量空氣、腹部放鬆，讓大腦的壓力消失，從而改善神經傳導物質的不平衡。

 ## 參、恐慌症

一、概述

　　恐慌症者常突然出現心悸、胸悶、呼吸不順、喘不過氣、頭暈、手腳發冷或顫抖、麻木、失去現實感、失去自我感、感覺快要死掉等症狀。發作的時間從十幾分鐘到一個小時不等，但之後都能逐漸恢復。有些個案發作當下是沒來由的，有些可能是長期生活壓力造成自律神經失調所致，有些則是過去長期心理創傷造成的焦慮所致。

　　恐慌症是焦慮的一種類型。恐慌多半是無來由地、非預期的、突然地出現發作症狀，症狀來得快也去得快；而焦慮則是逐漸發生的，多在面對不特定的對象或情境下發生，延續時間較久。兩者差別如表 8-1，可幫助區分症狀。

表8-1
恐慌症與焦慮症的差別

項目	恐慌症	焦慮症
發作	突然、意外	逐漸發生
到達焦慮頂峰	快（在十分鐘內）	較慢
身體症狀	非常顯著	不一定顯著
災難化思考	典型且顯著	較不典型，且不顯著
行為反應	立刻逃離	延遲的逃離，迴避
總體持續時間	相對較短	不一定，一般較長

註：引自林奕廷（2013，頁84）。

　　本身有心臟病的病人，在心臟病發作時，身心的感覺就像快要死掉般。心臟病的發作與恐慌發作相似，有的人真以為自己馬上就會死掉，當下會感到非常害怕，有失現實感（不真實的感覺），認為自己好像不是這個世界上的人。因此，助人者須知除了非心因性的因素之外，生理疾病也可能引發恐慌，如常見心臟疾病的心律不整、心臟瓣膜脫垂，以及甲狀腺機能亢進、低血糖、前庭功能失調，或是較不常見的副甲狀腺機能低落或亢進、肺栓塞、電解質不平衡、庫欣氏症候群、停經等，都可能引發恐慌（林奕廷，2013）。

　　恐慌若是發作在搭飛機時，爾後就不敢搭機；若發生在火車上，會懼怕搭火車；發生在電梯裡時，會不敢搭電梯。這些發生在幽閉空間裡的恐慌，即是所謂幽閉恐懼症，如電影《達文西密碼》（*The Da Vinci Code*）的蘭登教授在幼年時曾經跌落古井裡，對於幽閉空間的恐懼，讓他後來搭乘電梯感到惶恐不安。若恐慌發生在人群擁擠的空間，則可能是懼曠症。他們害怕出門，因為擔憂出門在外一旦發作，會沒有人來幫忙而有生命危險，嚴重者足不出戶。電影《兇手就在門外》（*Copycat*）的海倫是一名犯罪心理學家，在一次目睹保護她的警員被兇手殘忍殺害，而且自己也差點被侵犯致死之後，從此不敢走出家門，終日待在家裡。

二、診斷

　　恐慌發作是突然一股強烈的恐懼或強烈的不適，在幾分鐘之內達到高峰，並在這段時間內出現下列四個或更多症狀（American Psychiatric Association, 2013/2014）：

1. 心悸、心臟怦怦直跳或心跳加快。
2. 流汗。
3. 發抖或顫慄。
4. 呼吸短促或透不過氣的感覺。
5. 哽塞感。
6. 胸部疼痛或不適。

7. 噁心或腹部不適。

8. 感覺頭暈、步伐不穩、頭昏或快要暈倒。

9. 冷顫或發熱的感覺。

10. 感覺異常（麻木或刺痛的感覺）。

11. 失現實感或失自我感（自己的心智和身體脫離的感覺）。

12. 害怕失去控制或「快要瘋了」。

13. 害怕即將死亡。

案例 8-3

　　一位 35 歲的已婚女性，近來經常於半夜間受到丈夫酗酒後的暴力，她說最近開車外出時，常覺得路上所有的汽車都像是要朝向她衝過來，當時有心悸、呼吸不過來、暈頭轉向情形，感到非常害怕而嚇得不敢開車出門。經就診精神科後，醫師告訴她當時是恐慌發作。

案例 8-4

　　某國中老師表示多年來一直有心悸問題，看遍許多醫院的心臟科，最後被轉介到精神科。經詳細詢問病史，表示五年前騎機車到學校上班時，有幾次在大馬路口，突然覺得心跳很快、身體發冷而受不了。他發現只要準備了熱水壺，心悸發作時喝熱水就好些。但經過一、二年後，發現此方法已無效，就請太太坐機車後座，跟自己一起騎車到校。若在大馬路口心悸發作時，請後座的太太抱緊他就會好些，但後來這個方法也不再有效。直到這次發作後，他躺在路口被送到醫院，醫師的診斷是合併懼曠症的恐慌症，給予抗焦慮劑與肌肉鬆弛劑，再輔以設計的認知行為治療法，也邀請太太一起參加療程，請他練習從醫院內的草坪走到醫院旁的公園，從單純的環境到人多的環境，持續練習約七、八個月，逐漸克服恐慌。

三、處遇及治療方法

（一）生理醫藥

治療憂鬱症的抗憂鬱劑藥物（血清素再吸收抑制劑）對治療恐慌症有其療效，如克憂果（Seroxat）可緩解症狀。

（二）認知教育

抗憂鬱劑對治療恐慌有不錯的效果，但這只是暫時的處置，仍要教育個案在發作時的因應方法，知道恐慌的發作是暫時、會過去的。透過當下的身心因應，如：將心思焦點放在自己的呼吸，逐漸恢復混亂的身心，重拾自我感與自控感。

（三）腹式呼吸

萬一發作時，提醒自己當下專注在呼吸上，透過腹部呼吸調整呼與吸的節奏，可以閉眼進行更能專注。採取吸三秒、呼五秒，或是吸五秒、呼八秒的速度。當專注在呼吸，可以轉移驚懼的情緒，也可慢慢調整發作時心悸、發抖、呼吸不順的情形。腹式呼吸與正念冥想可相互搭配，平時坐在客廳時、平躺在床上時就做練習，調整自律神經。

（四）心理治療

治療恐慌症除了前述的行為治療法之外，通常採取認知行為、暴露療法。醫師及心理師根據個案的發作情境，評估對該情境的想法及情緒反應，設計個別化的的治療步驟，以漸進式減敏感法、放鬆訓練，在實際情境中逐步練習改善，並習得面對發作時的因應方法。

（五）預防恐慌

恐慌發作時著實令人感到非常可怕，必須預防發作方能改善個人的生活品質。以下是一些可改善身心、預防恐慌的睡眠及飲食相關做法（許添盛口述、張黛眉執筆，2014）。

1. 分段睡眠

將睡眠分為晚上睡眠大約四到六小時，午後及傍晚過後小睡半小時至一小時。中午小睡半小時或是冥想半小時，有時簡易散步半小時提升精神，調節身心。

2. 少量多餐

將一天的飲食做調整，一天吃四至五餐，將食物平均分散在 24 小時進食，避免攝取濃茶、咖啡、刺激性的食物。此外，也避免接觸暴力、恐怖影像等，以調理自律神經。

肆、強迫症

一、概述

強迫症（obsessive-compulsive disorder, OCD），是指一種有強迫意念或強迫行為的病症。強迫思考（obsessive thought）及強迫行為（compulsive behavior）通常會同時發生，有時也會個別發生。

強迫思考是指腦中一再闖入或一直浮現無法擺脫的想法，如：一定要避開細菌、病毒的想法，或者一定要殺死誰的想法，如果沒有這樣做，就會危害到自己的生命。比如說剛生下嬰兒的媽媽，一直想著這嬰兒只會害死自己，並想要將嬰兒丟出窗外，於是很害怕自己真的會這樣做而極度痛苦。要特別注意的是在強迫思考方面，個案會意識到這是極度錯誤或愚蠢卻無法擺脫的想法，須與物質成癮或網路成癮、性成癮、賭博成癮加以區隔。

強迫行為是指一定要做出什麼行為，否則就感到會危害自己的生命。會有這兩種傾向都是跟維持生命有關，會認為如果不這樣想和不這樣做，後果將會很慘或是失去生命，所以常常有強迫性的檢查門窗、瓦斯開關，或洗手洗好幾次而無法停止。

電影《愛在心裡口難開》（*As Good as it Gets*）的男主角是一名作家，

堅持回到家要關門關五次，確認門有關上；洗手要用很燙的水洗手，且新肥皂只洗一次，每次洗手要用掉五塊肥皂；走在人行道時，一定堅持要避開水泥縫隙。

相關的病症有以下兩者：(1) 身體臆形症是指對身體外貌的過度執著，如期待鼻子要尖、身材要瘦等；(2) 儲物症是難以丟棄所有物或與之分離，以致堆積廢物如山。豢養過多動物超過自己能力所負荷，也被認為可能符合此診斷。

二、診斷

個案出現強迫思考、強迫行為或兩者兼具（American Psychiatric Association, 2013/2014）：

（一）強迫思考的定義

1. 持續且反覆出現的一些想法、衝動或影像，在困擾的症狀干擾時，有些時候個案的感受是侵入的、不想要的；這對大部分個案造成明顯的焦慮或痛苦。
2. 個案企圖忽略或壓抑這樣的想法、衝動或影像，或試圖以一些其他的想法或行動來抵消它們，如：做出強迫行為。

（二）強迫行為的定義

1. 重複的行為，如：洗手、排序、檢查；或心智活動，如：祈禱、計數、重複、默念，個案必須回應強迫思考或根據某些必須嚴格遵守的規則來被迫地做出這些動作。
2. 這些行為或心智活動的目的是防止或減少焦慮或痛苦，或者預防一些可怕的事件或情況發生；但是，這些行為或心智活動與期望去抵消或預防的現實狀況是不符合的，或顯然是過度的。

案例 8-5

　　一位大學畢業的士兵表示自己心裡很困擾，每次在營區進行軍事訓練時，休息時間大家都去上廁所，當部隊集合時，他總覺得自己的手沒洗乾淨，一直反覆跑回去洗手十幾次，直到被長官責罵後才停止。心輔官詢問他這種現象以前有發生過嗎？他說在高中準備考大學時尤其嚴重，常常是晚上十二點準備睡覺時躺下，就覺得媽媽可能沒有把瓦斯關好，於是起來確認瓦斯有無關好。如此重複行為會一直持續到清晨三、四點還沒有睡覺，他感覺自己快要瘋了。心輔官告訴他這情形可能是強迫症，將他轉介至軍醫院治療，之後情況即改善很多。

三、病理與治療

（一）生理醫學

　　目前臨床研究發現強迫症有中度的遺傳影響，約有 40-50% 之發病解釋力。強迫症的三個腦區域會異常活躍，包含眼窩額葉皮質、尾核、前扣帶迴。研究發現當看到可能引發症狀的物體時，這三個區域的活動就會增加，而這三個區域接近大腦的血清素路徑（Kring et al., 2016/2017），如圖 8-1。

　　臨床研究發現 SSRI 系列的抗憂鬱症藥物對強迫症有治療效果。強迫症昔日屬於焦慮障礙，是唯一使用抗焦慮劑沒有效果，使用抗憂鬱劑才有效的病症，因此 DSM-5 將此獨立出來有其原因。

（二）心理治療

　　認知行為治療解釋強迫症的心理病理甚為完整。個體為了求生存，碰到激發症狀的刺激時，若做出強迫的行為就會讓自己心理好過些，於是會一直重複做出此行為。但是有些人的某些強迫性思考很難停下來，佛洛伊德認為這是由於在 1 到 3 歲的肛門期訓練大小便時，被長輩責備而形成陰

圖8-1
強迫症及相關障礙症的關鍵腦區域：眼窩額葉皮質、尾核、前扣帶迴

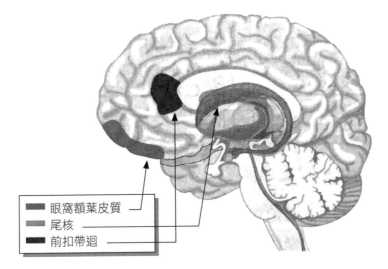

眼窩額葉皮質
尾核
前扣帶迴

註：引自 Kring et al.（2016/2017），頁 290。

影，以致形成過度固著清潔或保命之想法與行為，稱之為肛門性格，透過
解釋可以獲得洞察，但此治療成效有限。

　　心理治療方面常使用暴露及儀式行為防止法，依據行為的嚴重度分
不同階段給予刺激，如持續執行 90 分鐘不做該強迫行為，並在反覆引
發輕重不同的焦慮刺激下，逐漸削弱原有焦慮反應（Rosa-Alcázar et al.,
2008）。此治療方法的療效比藥物治療有效，單純施以認知治療的療效也
一樣好（DeRubeis & Crits-Christoph, 1998）。此與矛盾意向法（paradoxical
intention）原理類似，請個案重複其強迫行為至其所設定次數後即停止，
讓個案減低沒有完整檢查的焦慮，如：每次出門要反覆檢查門窗，請其務
必檢查 20 次後即停止，並馬上出門，此後再依次遞減次數。

第九章

精神官能症：
解離症、身體症狀障礙症、
飲食障礙症、偽病

壹、解離症

一、概述

解離症（dissociative disorder）是指在壓力下人格無法承受且脫離的一種異常反應，分為解離性身份障礙症（dissociative identity disorder，或稱多重人格）、解離性失憶症（dissociative amnesia）、失自我感障礙症／失現實感障礙症（depersonalization/derealization disorder）。

二、診斷

1. 解離性身份障礙是指壓力下喪失主人格而生出一個或若干個新人格的一種障礙。
2. 解離性失憶症是指壓力下對自己是誰的記憶完全喪失的一種障礙。
3. 失自我感障礙症是指壓力下對自己的感覺消失，好似在身外看自己的一種障礙。
4. 失現實感障礙症是指壓力下對自己身處何處有模糊或懷疑的感覺之一種障礙。

案例 9-1

9-1-1：

　　澳洲一位從 4 歲起就被父親性虐待的女性創造出 2,500 個人格來保護自己，法庭接受她與其他六個人格出庭作證，每個人格在法庭上都提出她們遭受不同面向的施虐過程，這是史上首度法官採信以不同人格作證證詞的案例（蔡佳妘，2020）。

9-1-2：

　　1977 年於美國犯下連續性侵案及搶劫案的 Billy Milligan，本身即是童年遭受嚴重性侵害的被害人，他發展出 24 個人格，經鑑定為多重人格者而被判無罪，於精神病監獄治療。之後，本案被作家改寫為《24 個比利》（*The Minds of Billy Milligan*）小說出版。

9-1-3：

　　電影《黑天鵝》（*Black Swan*）女主角演繹柴可夫斯基劇作天鵝湖的白天鵝角色，描繪女主角為求完美扮演角色的心境過程，劇中呈現女主角的雙重人格特質：白天鵝 vs. 黑天鵝。

三、病理與治療

（一）生理醫學

　　至今幾乎沒有針對此方面的生理病理研究。

（二）心理學與治療

　　目前心理病理研究多數支持解離障礙是因創傷導致心理機轉中極度潛抑而發生。這些分裂出來的人格多是個案在年幼時面對嚴重暴力虐待或性侵害，因難以面對如此巨大的傷害所產生的保護機制，而解離就是將自己抽身出來，讓自己承受的痛苦減緩，以繼續活下去。每個人格皆有其獨特個性，可能與個案原本的性格截然不同或有些微類似；他們之間可能不知

道彼此的存在，但皆在保護個案，分擔個案所承受的巨大創傷壓力。

　　治療師與個案建立關係取得信任後，使其傾吐內心受到的不舒服事件，鼓勵個案接納自己並統整各種改善個人的想法至意識層面（Kring, 2016/2017）。此外，鼓勵個案在每個人格出現時，記錄該人格當時的生活狀況、想法與感受，可幫助個案認識了解各個人格的特質與處境。日記可幫助個案溝通每個人格，協助個案觀察省思與對話、逐步改善，統合各人格。

● 貳、身體症狀障礙症

一、概述

　　身體症狀障礙症（somatic symptom disorder）在 DSM 的第四版為身體型疾患（somatoform disorder），是指壓力下出現身體症狀、但沒有生理病因的一種精神障礙，昔日統稱為身心症，包含轉化症、慮病症、身體症狀及相關障礙症。此外，需釐清的是心身症為壓力下的身體疾病，如：癌症、心血管疾病、消化系統疾病、氣喘等（林家興，2015）。

二、診斷

1. 轉化症（conversion disorder），又稱歇斯底里精神官能症，是指在壓力下身體有暫時失能反應、但沒有生理病因的一種精神障礙。
2. 慮病症（illness anxiety disorder）是在壓力下極度焦慮或擔心身體生病，但沒有生理病因的一種精神障礙。
3. 身體症狀及相關障礙症是指在壓力下以生理不適為表徵，但沒有生理病因的一種精神障礙。通常以疼痛來表現者，稱為心因性疼痛症（pain disorder），是在壓力下以生理疼痛為表徵。

就讀小學三年級的小迪，經常被單親父親暴打。某天他在學校吵鬧而被老師叫到講台上處罰，當他走向講台前卻突然倒地抽搐。老師通知已離婚的母親，經兒保社工詢問母親該童是否有癲癇史？母親表示無。經初步判斷為轉化症，並請母親帶他至精神科就診，經醫師確診為轉化症。小迪受父親暴力已構成兒童虐待，又造成其精神傷害之轉化症，除了社政單位介入將他暫時安置寄養家庭，檢察官並對父親以凌虐兒童罪起訴，經由家事裁決將親權移轉交付於母親。小迪與母親同聚生活，輔以心理諮商協助，課業及生活適應皆大為改善。

三、病理與治療

（一）生理醫學

　　Price 等人（2009）研究發現身體症狀障礙症者的前腦島與前扣帶迴之過度活動與此異常有關。

（二）心理學與治療

　　身體症狀障礙症是在壓力下以身體為症狀，但沒有生理病因的一種精神障礙。因此個人因應壓力的舊想法與做法皆須調整，調整愈少則愈難改變。此可透過心理治療協助，使個案能夠調整想法並改變行為。面對壓力時可採取更健康的心態，如：這是給自己考驗的挑戰、我可以勇敢地慢慢度過，或透過宗教或信仰的支持力量、閱讀克服難關的療癒書籍等皆是可嘗試的方法。

● 參、飲食障礙症

一、概述

　　飲食障礙症（eating disorder）是指壓力下以飲食過度或飲食極少來表現的一種異常，可分暴食症（bulimia nervosa）與厭食症（anorexia nervosa）等。

二、診斷

（一）暴食症

　　是指個人不可控制地吃進大量食物後，藉催吐或其他方式來避免體重增加。個案對於變胖或體重增加有強烈的恐懼感，對自己的體型、體重有不正確的知覺，明明很瘦卻仍覺得自己太胖。通常會在一段時間內，如一小時內，吃下遠大於多數人在同等時間與狀況下所吃的量。當發作時對進食行為失去控制，且重複出現使用催吐、瀉劑、利尿劑等藥物，或以禁食、過度運動來避免體重增加。

（二）厭食症

　　強烈害怕體重增加，會限制自己攝取過多的食物，與同齡者相較，體重過低。即使體重偏低，仍然限制體重增加。又分為「限制型」與「暴食

案例 9-3

　　某男大學生，每天可吃六餐，每餐吃五、六個便當，食量驚人。他怕自己身材走樣，常吃撐了後再催吐。經精神科醫師問診發現，其實減重是表面的理由，造成男大學生暴食的原因，是無法負荷父母「望子成龍」的期待，內心希望父母能真正關心他，潛意識透過暴食轉移焦點（王昭月，2017）。

清除型」兩種亞型，以是否有暴食清除行為作區分。暴食清除型是暴食後用手指伸入口中催吐或以瀉劑等藥物清除，限制型則無此行為。

　　厭食症是一種排斥飲食的精神疾病，屬心因性，因為患者對自我形象的偏差認知（與前述之身體臆形症共病），或心理有重大的鬱結難消，導致無法正常進食、厭食之惡性循環。許多患者的體重極低，身體質量指數（Body Mass Index, BMI）小於 17.5，甚至低到 10 以下的極端值，健康出現問題甚至死亡（許正典，2022）。1970 年代美國著名的木匠兄妹樂團中的妹妹海倫‧卡本特（Karen Carpenter）即是罹患厭食症而去世。

三、病理與治療

（一）生理醫學

　　Kaye（2008）發現厭食症及暴食症均與血清素代謝物不足有關，可知其與憂鬱症之症狀類似。

（二）心理學與治療

　　女性發病多於男性，且多與過度重視身材有關，而青少年又有從眾心理，導致少女比例多。據報導指出，臉書和 IG 會讓三分之一的少女對身體形象的認知變得更糟；高達 13.5% 的少女在加入 IG 後，出現輕生及自殘傾向；另有 17% 的少女因為 IG 而出現飲食失調，或使厭食症及暴食症等問題愈趨嚴重。主要原因是 IG 演算法會自動向有厭食症和其他飲食失調傾向的少女，發送其他極瘦女孩的照片和影片（民視新聞網，2021）。

　　對於飲食障礙者的治療，須先做身體檢查，評估其身體的狀況與營養情形。像是不斷進食又催吐，常會造成食道灼傷；缺乏營養及熱量，會造成身體的能量與體力不足，恐危害生命，故需身體與心理治療並進。加上此病症多為心因性，與個人及家庭的生活適應有密切關聯，單靠醫師給藥並無法改善症狀，故有必要安排個別心理治療與家庭會談，家人一起投入治療，一同尋求改善方法，為個案加油打氣。

（三）身心衛生保健教育

營養補充對於改善慢性發炎卓有成效，但常易被忽略。可鼓勵個案每日固定攝取營養素，先吃半餐再逐漸增加食物攝取量。此外，亦建議個案練習「情緒釋放療法」（emotional freedom techniques, EFT）及「對眼說自信」，讓個案逐漸提升自信與減少負面的身體意象，才能漸次回復飲食，恢復健康。

肆、偽病與詐病

一、概述

偽病（factitious disorder，DSM-5 譯為人為障礙症）是指有意識的裝病行為或沒有明確目的之自傷求醫行為。如果是有意識的裝病行為，且有明確的目的（如減輕罪刑、免除兵役、獲得金錢賠償等）就是詐病（malingering），要仔細區隔此兩者與慮病症。

二、診斷

1. 偽病：偽造身體或心理症狀，即使沒有明顯的外在酬賞，仍欺騙其有病。
2. 詐病：為了外在動機，故意形成假的生理或心理的病症。此不在精神疾病中，列於臨床關注的其他適應情況之 V 碼中。

案例 9-4

9-4-1：

　　某位女性一直找不同醫師說自己有婦科疾病，當每位醫師在第二、三次超音波檢查完告知其沒病後，改天又以肚子痛的名義再找其他醫師繼續看診，還是被確認沒病。此為偽病。

9-4-2：

　　某位母親帶著 10 歲女兒不斷就診婦產科，說女兒被侵害，但每位醫師檢查後都說女兒沒有被侵害的跡象。最後被轉診到精神科，醫師詢問這位母親跟先生的感情狀況，她哭訴先生有外遇，都不回家。這位母親帶著女兒不斷就醫來表示她內心受到丈夫背叛的心理狀態，此稱為「代理性偽病」。

9-4-3：

　　某縣市的議長本身有流氓背景並經營賭場。有位賭客一直借錢賭博但不還錢，於是議長到該賭客家裡，要求還錢不遂，當場開槍使其斃命。該議長在羈押中辯稱自己當時是其他人格跑出來殺人，此明顯是詐病。後經具備司法精神醫學專長的醫師鑑定為詐病，法院將其判處死刑。

三、病理與治療

（一）心理學與治療

　　偽病是以心因性為主，沒有生理學背景，須關心病人的生活困境，並同理其不舒服。

（二）身心衛生保健教育

　　某些人在極度壓力下容易會有偽病，可鼓勵個案使用情緒釋放療法舒緩壓力，並找到親友或心理師協助度過此壓力。

第十章
人格障礙症

壹、概述

　　人格障礙症必須在 18 歲人格穩定後才能確診。DSM-5 仍沿襲 DSM-IV 的分類，將人格障礙的臨床版診斷標準分為三群十型，原本想改的六型則更名為研究版，其整體之診斷為（American Psychiatric Association, 2013）：

1. 行為與其個人所處的社會文化明顯偏離，且至少有下列兩種以上異於常人的表現：
   (1) 認知功能：對自己、他人和事件的認知。
   (2) 情感功能：情感的表現方式、強度、變化度和情感表達的合宜性。
   (3) 人際關係。
   (4) 衝動控制。
2. 表現的情形長期固定不變。
3. 表現的狀況足以影響到其社會、職業等正常的功能。
4. 發病最早可追溯到青春期或成年早期。

　　從上可知人格障礙是「對他人、自己的認知」與「情緒的管理能力」偏離常態，其共同特質為「人格過度僵化，以致影響家庭、職業、人際之功能」。DSM-5 根據偏離的情況將其分為 A、B、C 三群，又細分為十型，如表 10-1。

表10-1
人格障礙的三群十型

三群	十型
A 群：以怪異疏離為主特質	妄想型、孤僻型、思覺失調型
B 群：以情緒起伏過大為主特質	反社會型、邊緣型、戲劇型、自戀型
C 群：以焦慮逃避為主特質	畏避型、依賴型、強迫型

註：作者製表。

貳、A 群人格障礙

　　A 群人格障礙是指人格過度僵化而影響社會、職業等功能，並以「疏離或怪異」為主特質，各類型描述如下。

一、妄想型人格障礙

　　妄想型人格障礙（paranoid personality disorder）以妄想為主特質，常以五種妄想表現，包含被害妄想、忌妒妄想、關係妄想、誇大妄想、宗教妄想等。特點是過度敏感，總覺得別人對自己有惡意，而自己亦傾向對人懷恨，常會跟身邊的人發生磨擦，而他們亦容易因不滿而對他人（如同事或鄰居）作出投訴或批判。DSM-5 診斷為表現符合下列至少四項（American Psychiatric Association, 2013）：

1. 沒有根據地懷疑他人在傷害或欺騙自己。
2. 無理由地質疑朋友或共事者的忠誠和可信度。
3. 不願意對任何人傾訴心事，因莫名害怕他人會用這種信任反過來對自己造成傷害。
4. 在他人善意的舉動或言語中解讀出貶抑或威脅。
5. 持續對他人心懷怨恨，無法寬恕他人對自己的侮辱、傷害或怠慢。
6. 面對他人並不覺得有明顯冒犯的情況，常自覺人格或名聲受到侮辱，而急速憤怒回應或反擊。
7. 不斷無理由地懷疑配偶或性伴侶有不軌行為。

二、孤僻型人格障礙

　　孤僻型人格障礙（schizoid personality disorder）以疏離為主特質，表現為冷漠、不愛與人接觸、只活在自己的世界、在人群中是獨行俠，亦對人際關係完全沒有興趣。DSM-5 診斷為表現符合下列至少四項（American Psychiatric Association, 2013/2014）：

1. 不欲求也不享受親近關係，包括身為家庭的一員。
2. 幾乎總是選擇孤單的活動。
3. 若有，也很少對與他人有性經驗感興趣。
4. 若有，也很少有活動讓他感到樂趣。
5. 除一等親外，缺乏親近朋友或知己。
6. 對他人的讚美或指責顯得漠不關心。
7. 顯現感情冷漠、疏離或平淡的情感。

三、思覺失調型人格障礙

　　思覺失調型人格障礙（schizotypal personality disorder）以怪異為主特質，特點是思想及行為古怪，有時能看到或聽到古怪的東西。這類型人格違常者可能終生如此，也可能會惡化成思覺失調症。DSM-5 診斷為表現符合下列至少五項（American Psychiatric Association, 2013）：

1. 關係意念（排除關係妄想）。
2. 古怪的信念或神奇的思考影響其行為且和次文化常態不一致（如迷信，相信有千里眼、心電感應、第六感、奇怪的幻想或偏見）。
3. 不尋常的感知經驗，包括身體錯覺。
4. 古怪的思考和言語（如含糊的、迂迴的、譬喻的、過度引申的或刻板印象）。
5. 猜疑的或妄想的意念。
6. 不合宜或侷限的情感。
7. 行為或外表古怪、奇特、有怪癖。
8. 除一等親外，缺乏親近朋友或知己。

9. 過度的社交焦慮，且焦慮不會因熟悉而減少。傾向於有妄想性害怕而非自己負面評價解釋。

案例 10-1

　　阿玉是國中體育老師，因為氣4歲的兒子向先生誣告自己有外遇，把兒子關在家裡打罵。由於孩子全身都是傷，幼兒園老師發現後通報113。經兒保社工詢問先生後得知該情形，先生也氣憤阿玉的個性實在太怪，但是阻止不了。經詢問該校的輔導老師，表示阿玉在學校的人際與教學工作一切正常，並無異常。請問阿玉的可能診斷？

解析：

　　學校輔導老師說阿玉在校之行為與教學都正常，然阿玉會毆打兒子是因氣憤其向先生誣告自己有外遇，很明顯是被害妄想加上色情妄想。一般的妄想異常情形，包含妄想型思覺失調症、妄想症、妄想型人格障礙，因阿玉擔任老師之在校行為未被發現有精神病症狀，因此可懷疑阿玉應屬妄想型人格障礙。

● 參、B群人格障礙

　　B群人格障礙是指人格過度僵化而影響社會、職業等功能，並以「情緒起伏過大」為主特質，與暴力、自殺相關的人格障礙多是B群人格（林明傑，2018），各類型描述如下。

一、反社會型人格障礙

　　反社會型人格障礙（antisocial personality disorder）者情緒起伏過大且常表現出傷人行為，自小經常做出不符合社會規範的行為，如暴力、詐欺、說謊等，只顧自己利益而忽視他人的感覺、財產、權利，且將所有行為責任推給他人。DSM-5診斷為自15歲起，在各種場合中一種廣泛

的漠視且侵犯他人權益的表現，符合下列至少三項（American Psychiatric Association, 2013）：

1. 無法遵從社會規範對守法的要求，經常遊走於法律邊緣。
2. 為個人私利或樂趣而詐欺，如：一再說謊、使用化名、欺騙他人。
3. 衝動，無法做長遠規劃。
4. 易怒且具攻擊性，不時與人鬥毆。
5. 魯莽，不在意自身及他人安危。
6. 一貫地不負責任，像是無法維持工作或亂開空頭支票。
7. 缺乏良心自責，對造成他人的傷害、虐待或偷竊無動於衷，或合理化其行為。

電影《女生向前走》（*Girl, Interrupted*）裡的麗莎在精神病院中接受治療，但不斷地逃跑，也說服其他夥伴一起逃離。當被找到並帶回病院時，

案例 10-2

林○棋有殺人前科，曾數次性侵害鄧○雯之母並強迫她做自己的女友。鄧母欲分手，但是林男不肯而闖入鄧家，不僅砸毀家具，甚至將鄧父吊起來毒打，鄧家報警處理，警方蒐證後拘捕之。林男由民代保釋，之後卻變本加厲，拿硫酸潑灑鄧母，造成鄧母右眼失明住院。林男到醫院探望時，見當時年僅 15 歲的鄧女，即佯裝要送她回家而侵犯之。經雙方調解後鄧家撤回告訴，鄧女嫁林男。婚後六年，林男對鄧女打罵不斷，鄧女不堪受暴而離家多次，林男竟找上鄧家並恐嚇要性侵鄧妹，鄧女最後趁林男酒醉睡著後將其殺死。請問林男是何種診斷？

解析：

林○棋混跡幫派，有暴力前科，性侵害鄧母之後，又侵犯鄧女並與之結婚，常施以嚴重家暴，應屬於反社會型人格障礙。

她極力反抗，照護人員只好施以約束，將她束縛綁在床上並施打鎮靜劑，俟其穩定後再恢復病房生活。她在病房裡是個領導者角色，所有病友都臣服於她，期待她的青睞。她觀察其他病友的行為皆能一針見血，但對於偷取別人錢財、別人因她說的話而難過受傷甚至自殺，並不認為自己有什麼不妥，而是別人的問題。麗莎沒有同理心，也不認為自己做錯，甚至有很多辯駁的理由，充分呈現反社會人格者的特質。

二、邊緣型人格障礙

邊緣型人格障礙（borderline personality disorder, BPD）情緒起伏過大且常表現出自傷行為，對他人容易產生過度理想與貶抑之擺盪情況，無法容忍孤獨且極端害怕想像或真實地被放棄。DSM-5 診斷為表現符合下列至少五項（American Psychiatric Association, 2013）：

1. 瘋狂地努力避免在真實或想像中被放棄。（可問：對方要離開你，你是否絕對無法接受，如要離婚、分手或聲請保護令，就要一起死？）
2. 不穩定且緊張的人際關係模式，且特徵在「過度理想化」及「否定其價值」的兩個極端之間轉變。（可問：是否覺得對方有時對你很重要，有時覺得他背叛你，或覺得對方什麼都不是？）
3. 認同障礙：顯著和持續不穩定的自我形象（可問：對自己的形象是否常常會覺得不同？），或自我感受持續明顯不穩定。（可問：對自己的感受是否常常會覺得不同？）
4. 至少有兩方面導致自我傷害的衝動行為，如花錢、性、物質濫用、魯莽駕車、暴食（不包含自殺或自傷）。〔可問：是否有段時間內花錢花很兇、亂搞性關係（排除性異常僻好）、嗑藥、酗酒或車速很快？〕
5. 一再自殺之行為、姿態、威脅或自傷行為。
6. 因心情常過度反應而情感表現不穩定。（可問：是否有強烈且維持一段時間之心情惡劣、易怒或焦慮？通常僅持續數小時，極少超過幾天。）
7. 長期感到空虛。（可問：是否很容易無聊，因而一直找事情做？）

8. 不合宜且強烈的憤怒，或對憤怒難以控制。（可問：是否常無端發脾
   氣、憤怒、一再與人打架或起衝突？）

9. 暫時性與壓力源相關聯的妄想式意念，或嚴重的解離性症狀。（可問：
   在有壓力的情況下，是否產生短暫的妄想？如被害妄想或誇大妄想的
   意念、或嚴重的解離人格，變成一個你不熟悉的人或失憶。）

　　電影《女生向前走》、《致命的吸引力》（*Fatal Attraction*）皆描述女
主角的邊緣型人格特質。如《女生向前走》中，高中剛畢業的蘇珊娜吃過
量安眠藥、喝過量的酒、割腕後被送入精神病院、與不同的異性發生性行
為、在精神病院中對照顧她的護理人員猛然出現的暴怒及言語攻擊等，皆是
邊緣型人格者的特質。在《致命的吸引力》中，與男主角有一夜情的女主角

案例 10-3

　　台南縣 31 歲戴男及 27 歲妻子毛女，兩人育有一名 3 歲女兒。戴
男長期失業，有毒品前科，毛女在客運公司上班，戴男常向妻子要錢
而吵架，妻子想離婚，但戴男拒絕。某日，戴男又向妻子要錢被拒，
兩人大吵；當晚戴男趁妻女睡覺時燒炭，住在隔壁的伯母發現，及時
報警救回一家人。警方隨即通報社會處介入，將女兒安置親友家，毛
父因害怕戴男會再對女兒不利，便要女兒回娘家住，卻引起戴男不滿。
5 月 13 日傍晚，戴男到客運公司強行押走妻子，直接載往漁港，並打
電話給伯母跟她告別，交代將夫妻倆的骨灰葬在一起，任憑伯母如何
苦勸仍無法阻止悲劇。之後，戴男開車直接衝進漁港，要與妻同歸於
盡（顧守昌，2010）。請問戴男屬於哪種診斷呢？

解析：

　　戴男因無法接受妻子想分手的提議而燒炭欲全家一起死，幾天後
再挾持妻子開車衝進漁港。經查閱本案相關報導，得知戴父於戴男國
中時車禍，母親改嫁而將戴男留在祖父與伯父家，之後他就經常打架、
吸毒。其有「無法接受想像或真實地被放棄」，屬於邊緣型人格違常，
主因來自幼年時被母親拋棄。

案例 10-4

　　小陳為對太太施以暴力的 30 歲男性，經法院裁定須接受認知教育輔導團體課程。社工提供其妻所填的危險評估量表有勾選「加害人曾說過要分手就一起死」與「加害人曾威脅自傷或曾有自傷行為」等兩題。根據經驗，此類型者難以穩定參加輔導並極易中斷，因此其來參加之每次課程均極重要。心理師致電其妻，得知小陳士官服役十年退伍後一直沒找工作，卻一直透過網路認識女子，甚至與對方發生性行為。平時每週返家一次，每次返家均會跟蹤其妻。妻子送子女上小學後到菜市場買菜，返家後即遭小陳強脫褲子，以手指插入陰道檢查有無精液，並羞辱指責妻是否與肉販或菜販外遇。妻子告知其心已死，繼續活著只為照顧小孩。經問小陳之幼年如何，表示其父母為榮民與原住民，但母親生下他後即離家未歸，而父親則管教很嚴厲。請問小陳屬於哪種診斷呢？

解析：

　　小陳雖網路外遇不斷，卻無法接受遭其性凌虐的太太提離婚，明確有「無法接受想像或真實地被放棄」，屬於邊緣型人格障礙，病因來自幼年被母親拋棄。在團體輔導時，詢問他：「若太太已經沒有心了，可以怎麼辦？」成員均稱離婚就好，但小陳稱不可能，要分手就一起死，表示無法接受。團體成員勸他，說他最帥，一定可找更好的，鼓勵他往此方面想，不然就要做到互敬互愛，夫妻才能長久。隔週的團體課程主題為「家暴是否會影響小孩？」他說不知道。經過一年後，得知小陳已離婚，且子女監護權都給太太。建議社工人員可以在關懷訪視時，同理其內在不舒服，鼓勵個案在困難時刻能找到讓自己自在的新想法與新做法，避免做出衝動行為。

從此糾纏著男方，當男方欲與她劃清界線切斷關係時，女方無所不用其極
地拒絕男方離開她，企圖自傷給男方看，要讓他後悔痛苦，甚至到男方家
欲對其家人不利，將其家中飼養的兔子放入鍋內烹煮，驚嚇男方一家人。

・ 安靜型的邊緣型人格障礙

　　傳統的邊緣型人格者多以外顯的情緒起伏、衝動的自傷行為為主要特
質，但另有一型稱為安靜型邊緣型人格障礙（quite BPD），又稱高功能
邊緣型人格障礙（high functioning BPD）。其特質為看起來冷靜自制，人
際關係雖正常，但可能並不深入，工作表現佳，能夠適應社會，但是他們
將自己強烈的情緒內隱，壓抑自我，甚至自我孤立。他們對自己有高要求，
即便自己已經有很好的表現，但還是認為做得不夠，甚至貶低、剝削、苛
刻並審判自己，內在空虛，不允許自己快樂，自認為不值得被愛[1]。他們
可能會向外求助，但不一定會被診斷為人格障礙，可能被視為有憂鬱或焦
慮情形。此類型人格者需要被關心，助人者也須具備對此人格型態的敏感
度與認識。

三、戲劇型人格障礙

　　戲劇型人格障礙（histrionic personality disorder）（又譯為做作型人格
障礙）情緒起伏過大並常表現出誇張行為以期待成為他人的目光焦點，且
有時會誇張地陳述自己受歡迎的程度。DSM-5 診斷為表現符合下列至少
五項（American Psychiatric Association, 2013/2014）：
1. 當他或她不是注意的中心時會感到不舒服。
2. 時常以不恰當的性誘惑或性挑逗與他人交往。
3. 展現快速轉變和膚淺表現的情緒。
4. 利用自己的身體外觀來吸引他人注意。
5. 說話風格過度不精確，並且缺乏細節。

1　搜尋 YouTube「安靜型 BPD，一種邊緣型人格」。

6. 情緒表達顯露自我誇示、戲劇化和過度誇張。

7. 易受暗示（如：易被他人或情境所影響）。

8. 自認其人際關係比實際更為親密。

四、自戀型人格障礙

　　自戀型人格障礙（narcissistic personality disorder）情緒起伏過大且常表現出自戀行為，如誇大自我價值並貶抑他人，若沒受讚美則會暴怒。DSM-5 診斷為表現符合下列至少五項（American Psychiatric Association, 2013/2014）：

1. 對自我重要性的自大感（如：誇大成就與才能，在沒有相稱情況下期待被認為優越）。

2. 專注於無止境的成功、權力、顯赫、美貌或理想的愛情等幻想。

3. 相信他或她的「特殊」及獨特，僅能被其他特殊或居高位者（或機構）所了解，或應與之相關聯。

4. 需要過度的讚美。

5. 認為自己有特權（如：不合理地期待自己有特殊待遇，或別人會自動地順從他或她的期待）。

6. 在人際上顯得剝削（如：占別人便宜以達到自己的目的）。

7. 缺乏同理心：不願意辨識或認同別人的情感與需求。

8. 時常妒忌別人或且認為別人妒忌他或她。

9. 顯現自大、傲慢的行為或態度。

● 肆、C 群人格障礙

　　C 群人格障礙是指人格過度僵化而影響社會、職業等功能，並以「焦慮、逃避」為主特質，此類型人格者涉及暴力或自傷者甚低。簡易描述各類型如下：

1. **畏避型人格障礙**（avoidant personality disorder）

　　焦慮逃避以避免自己被拒絕或批評，也常自覺能力不足而盡量避開人際接觸。

2. **依賴型人格障礙**（dependent personality disorder）

　　焦慮逃避以避免做決定，因此也需隨時依賴他人。

3. **強迫型人格障礙**（obsessive-compulsive personality disorder）

　　過度強調完美主義且認為需要專注細節才會放心，人際缺乏彈性而疏離，如過度完美主義者或極度潔癖者。

● 伍、反社會型人格障礙與邊緣型人格

一、反社會型人格與心理病理人格的關聯

　　DSM 第三版改以統計而不再以佛洛伊德的學理為指標後，反社會人格障礙就只有以一連串的反社會行為為診斷標準，忽略了 1820 年起歐洲精神科醫師認為有一群道德與情感失能者會有長期的犯罪失德行為，當時稱「心理病理人格」（psychopathy）或稱「社會病理人格」（sociopathy），差別在於前者認為該病因是先天的心理特質形成，而後者認為病因是後天環境造成。

　　電影《沉默的羔羊》（*The Silence of the Lambs*）、《人骨拼圖》（*The Bone Collector*）描繪被綁架的被害人受到加害人的恐怖威脅與凌虐，這些加害人皆可歸屬於病態人格。加拿大犯罪心理學家 Robert Hare 反對 DSM-III 只以一連串犯行就診斷反社會人格障礙，提出應該恢復歐洲長期認為的心理病理人格（psychopathy）[2]，其主張有兩軸行為特徵，即「一連串的反社會行為」與「無法與他人建立有意義的連結」（圖 10-1）（Hare et al., 1991）。並發展「心理病理人格檢索表」（Psychopathy Checklist

---

2　作者昔譯為病態人格，因易汙名化，在此改譯為心理病理人格，本文中兩詞互用。

圖10-1
心理病理人格

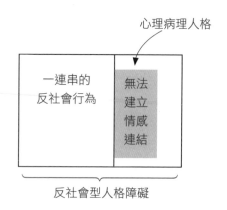

註：作者繪製。

revision, PCL-R），共有 20 項特質（表 10-2），由曾受訓之評估者彙整個案之司法資料、在監、在學紀錄等，與個案進行約一小時的結構性會談，每題之項目依據「沒有、可能有、持續有」各給 0、1、2 分，達 25 或 30 分即為「原生型病態人格者」。在加拿大聯邦監獄中約 75% 符合反社會人格診斷，約 25～30% 符合「心理病理人格檢索表」之病態人格（Hare, 1998; Hare et al., 1991）。

二、反社會型人格與心理病理人格的成因及輔導治療

（一）生理醫學

　　Intrator 等人（1997）掃描 8 名病態人格者及 15 名對照組之大腦顯影 SPECT，發現腹內側前額葉皮質（ventromedial prefrontal cortex）、內側顳葉皮層及杏仁核（amygdala）與冷酷無情地對待他人有關。Blair（2007）發現病態人格者的杏仁核與腹內側前額葉皮質有異常。杏仁核負責情緒中樞，協助個人覺知情緒；腹內側前額葉皮質負責綜合判斷決定，Blair 提出病態人格者無法表現一般人之情緒，也無法感知他人或被害人之情緒，因此在判斷如何反應事件時無法有情緒，在做行為判斷時，也沒有情緒或情感的考量。額葉、杏仁核及海馬迴的位置，如圖 10-2。

表10-2
心理病理人格檢索表之兩因素

因素一：人際與感情特質	因素二：衝動、反社會、不穩定生活形態之特質
1. 能言善道／膚淺的魅力（glibness/ superficial charm） 2. 自我價值之誇大（grandiose sense of self-worth） 3. 病態之說謊（pathological lying） 4. 好操弄他人（conning/manipulative） 5. 缺乏悔意或罪疚感（lack of remorse or guilt） 6. 膚淺之感情（shallow affect） 7. 冷漠／缺乏同理心（callous/lack of empathy） 8. 無法對自己的行為負責（failure to accept responsibility for own actions）	1. 對刺激之需求（need for stimulation） 2. 寄生式之生活形態（parasitic lifestyle） 3. 較差之行為控制（poor behavioral controls） 4. 早年之行為問題（early behavior problems） 5. 缺乏符合現實之長期目標（lack of realistic long-term goals） 6. 衝動（impulsivity） 7. 無責任感（irresponsibility） 8. 少年偏差行為（juvenile delinquency） 9. 違反緩刑、假釋或保護管束等社區處分之規定（revocation of conditional release）
以下三項無法歸類於上述二因素之中： 1. 性行為雜亂（promiscuous sexual behavior） 2. 許多短期之婚姻關係（many short-term marital relationships） 3. 犯罪類型之多樣化（criminal versatility）	

註：引自 Hare et.al. (1991)

圖10-2
額葉、杏仁核及海馬迴之位置

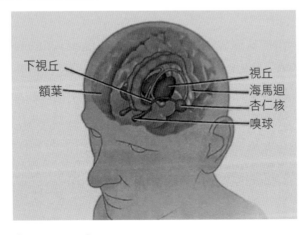

註：引自林明傑（2018，頁367）。

Walters 與 Kiehl（2015）以 191 名高度戒護監獄之男性青少年犯，對大腦的邊緣區進行 MRI 分析，使用 PCL：YV（心理病理人格檢索表青年版）測量不畏懼與去抑制，研究發現兩個均與杏仁核和海馬迴中的灰質體積呈顯著負相關。

（二）心理學與治療

DeLisi 等人（2019）以美國中西部聯邦監獄囚犯為樣本，探索不良童年經歷和病態人格之關係。結果發現童年逆境與反社會型人格障礙有顯著相關，身體虐待與反社會型人格障礙顯著相關，性虐待也與反社會型人格障礙顯著相關。加州的神經學家 Fallon 意外發現自己的 MRI 與病態人格者同，慢慢查知家族中好幾代有殺人犯，且發現自己的基因也接近病態人格者，他因而提出病態人格須腦部低活動、基因、幼年受虐三要件需齊全才會發生（可到 YouTube 影音網站搜尋 psychopathy fallon）。

總結以上研究，作者贊成 Fallon 三要件說法，根據「行為四關鍵」評估模式，病態人格行為有幼年的不舒服經驗、錯誤學到偏差言行想法、神經營養不足與神經基因失常。以上的病理概念化後，就可使用以下方法改善。

心理病理人格者本身缺乏動機改變自己的行為，亦缺乏對自身行為問題的病識感。以下介紹兩個國外的有效治療方案：

1. Hansen (1998)

丹麥唯一治療病態人格者 Herstedvester Detention Center 之監獄治療方案，其以精神分析取向之個別心理治療為主，召開每日會議，心理衛生人員與戒護人員均參加討論。主要目標是以說明及鼓勵方式，幫助個案能漸漸同理他人的感覺。雖然很困難，仍鼓勵每位個案能負起行為責任，留意每一個自身行為選擇。若有違規行為亦須給予懲罰，有進步則給予鼓勵。也與個案討論幼年之情形，鼓勵說出感受與想法，並提出「即使我們無法教導盲者如何看外界，但我們可以教導他看什麼」來提供方向。

2. Dolan (1998)

描述在英國 Grendon Underwood 監獄中之治療性社區（therapeutic community）方案，該方案是由各監獄轉介至少被判五年刑期、自願參與的中度到嚴重程度人格障礙者，其也可以自願轉回各監獄。該方案強調團體治療，讓個案可以民主討論與表決，鼓勵溝通而不用暴力，並處罰暴力與違規行為。經研究發現若配對犯行類型、刑期與前科，待此方案超過 18 個月者追蹤兩年之再犯率為 19%，而未超過 18 個月者再犯率為 50%；若從該監獄直接出獄者，有無待此方案超過 18 個月者追蹤兩年之再犯率各為 10% 與 39%。

（三）輔導治療技術

病態人格者具有獨特的情感感覺失能且容易認知扭曲，因此輔導中宜避開使用增加同理心或後現代敘事治療，因其只是徒增另一可操弄之項目而已，此一操弄可讓其學到新技能，而再次犯案得逞。

現實療法的強項在「確定方向」，但弱項在「找出做法」（林明傑，2018）。現實療法可在接納與同理個案之後運用，它強調幫助每個人找到想要的理想生活圖像後，才能鼓勵個案改變自己的行為，努力達到自己想要的理想生活。若個案開始有確定的方向，則鼓勵個案如何改變其在社會上的行為，以使自己不再犯或入獄，而非躲避刑責。透過討論以避開情緒[3]，並討論行為結果的具體得失及如何做選擇。對於情感失能之病態人格者，建議以現實療法為主，輔以認知行為療法，與個案討論的方向先後順序為：

1. 未來會想選擇向左走被關進監獄，還是向右走可獲自由（或問題消失，還是問題繼續存在）？會想往哪邊走？
2. 怎樣走可以不必向左而入監（或怎樣走可以讓問題消失或逐漸消失）？
3. 誰的行為是你可以控制的？

3　因從 MRI 影像確認其情緒功能淡漠難以改善，甚至發現若教導同理心，會被他們應用來誘騙被害人。

4. 你能否講出自己的兩個優點（此可評估個案的自信是否足夠或正確，若不夠則幫個案找出優點，如：曾工作領薪水就有認真工作的優點）。

5. 你希望我講簡單的版本還是複雜的版本？

6. 人類行為有四個關鍵，但歸納起來是兩點，就是「心理想法改變」與「營養改善」，你覺得哪一個比較簡單？

7. 那就先做簡單的，每次做完就給予鼓勵（鼓勵從補充營養開始，可讓自己今天開始起就有精神、有好的睡眠）。

8. 心理想法改變可參考「行為四關鍵」——是悶來的、學來的、想來的、神經營養不足或生理異常來的。請問你小時候是否經驗令你不舒服的事？試著說出兩件不舒服的事（使用情緒釋放療法）。

9. 近幾年有哪兩件事令你很生氣？說說你的想法？（鼓勵辨認出最氣的情況、想法、情緒、行為。下次發生相同情況時，辨認後先閃開，半天後再回應；想出轉換怎樣的想法會更自在，改變後給自己鼓勵）。

三、邊緣型人格者的治療

（一）病理概念化

　　林納涵（Marsha Linehan）提出邊緣型人格的素質—壓力理論，認為個人因為生物素質因素（可能是基因）無法控制自己的情緒，且成長於不被認可的家庭環境則易發展出邊緣型人格障礙。其提出辯證式行為治療（dialectical behavior therapy, DBT），引入德國哲學家黑格爾的「正反合」的三點辯證法，指任何一種現象（包括想法、事件、論點）均可以有正面、對立面與整合面三論點，經三點思辨才能解決任何衝突。應用方式為（Kring et al., 2016/2017）：

1. 治療師在治療個案時也須採取三論點，讓個案學習看治療師也可有三論點。

2. 鼓勵個案看待世界在二分善與惡外還有整合的觀點，而情緒也慢慢練習不必隨之起伏過快。

3. 以團隊形式協助個案，治療師給予關懷與鼓勵想法改善，而個案管理
聯絡員給予每週的電話關心與相互聯絡，使個案能從中重新學習人際
的合理互動與不要脅言行，進而逐漸穩定自信與信任。

（二）治療原則

1. SET 原則

　　當邊緣型人格者面臨令其不安的境況時，會有情緒起伏過大之反應，
其一時衝動下的行為常造成個人或他人身體的傷害、物件的損壞、人際關
係的破壞等結果。此源自他們有害怕孤獨、感覺遭人誤解、感覺沉重的無
助感，以及當下心緒紛亂，容不下外界聲音的特質。因此美國聖路易市約
翰慈恩醫學中心治療團隊發展出 SET 的原則「給予支持、發揮同理心、
點明事實」（Support、Empathy、Truth），當邊緣型人格者處於情緒起
伏過大可能做出衝動行為時，可作為危急之溝通策略（Kreisman & Straus,
1989/2005），說明如下：

(1) 給予支持：助人者陳述個人對個案的關心，例如：「我真的很擔
心你現在的感受……」強調的是說話者的感受，意在保證自己將
盡力協助個案。

(2) 發揮同理心：表明自己已注意到個案的混亂情緒，以中性的態度
表達同理心，盡可能不涉及說話者本身的感覺，例如可以說：「你
現在一定覺得很糟……」。要注意不能將同理心與同情心混為一
談，不要這樣說：「我為你感到非常難過……、我知道你有多難
過……」，這是同情而非同理。

(3) 點明事實：強調個案本身在生活中的責任，無論他人如何協助，
個案仍要面對自己需要承擔的責任。助人者表達出已意識到問題
的存在，並且指出務實的解決方案，以就事論事的中性態度陳述，
所說的語句必須不帶責難，也不應認為是個案罪有應得。例如：
「現在發生了……的事情，造成了……結果，我會以……的方式
提供協助，那麼接下來，你打算怎麼做？」

2. 處理創傷及穩定關係

　　邊緣型人格者多半在幼年時期遭受身體、情感的傷害與忽視經驗，發展出扭曲的想法與行為，因為害怕被遺棄或想像真的被遺棄，而以操控方式面對周遭的人事物，造成人我界線不分，經常挑戰人際關係。加上過去的創傷使其身心處於發炎狀態，神經營養不足與神經基因失常，若本身沒有覺察，則會陷入混亂的境況中，令自身及親密關係人困擾不已。他們不易與人建立安全穩定的關係，即使就醫或接受心理諮商，一旦醫師或治療師不符其意，便極易中斷治療關係。因此，他們可能不斷轉換治療者，或不斷抱怨治療無效。

　　助人者須同理個案並持續建立信任關係，此為奠定治療的基礎。處理其幼年不舒服的創傷經驗，再逐一重新看待近日煩事，學習用新的觀點看事情，並請其補充飲食及營養品。教個案「確定方向、找出優點、找出做法、營養身心」十六字訣，使其開始坦然面對幼年負面經驗，不再受負面情緒影響。

　　身為邊緣型人格者的家人、親戚、朋友、同事，對於其情緒起伏及衝動行為常感到困擾。個案處在不穩定的互動關係中常感痛苦，且可能不斷懷疑自己。周遭的重要他人須辨識出其人格特質，並學習與之應對的方式，可參考《親密的陌生人：給邊緣人格親友的實務指南》（*Stop Walking on Eggshells: Taking Your Life Back When Someone You Care About Has Borderline Personality Disorder*）一書中提供的指南（Manson & Kreger, 1998/2005）。

第十一章
兒童及青少年精神障礙

壹、概述

　　原 DSM 第四版將兒童及青少年的精神障礙單獨納於「通常初診斷於嬰兒期、兒童期或青春期的疾患」介紹，此獨立分類可讓助人者清楚發生於 18 歲以下兒童的各項疾患，包含智能不足、學習障礙、發展性協調障礙、溝通障礙（如：口吃）、自閉症、亞斯伯格症、注意力不足過動症、行為規範障礙症、對立性反抗症、抽動性障礙（如：妥瑞氏症）、排泄性障礙（遺糞症、遺尿症）、分離焦慮、選擇性緘默症、刻板動作症等。但 DSM 第五版已刪除專章，而是分散於各不同類別中介紹。本章就實務中常見的兒少發展過程障礙加以說明，部分亦列於我國《特殊教育法》的實施對象中，並於《身心障礙及資賦優異學生鑑定辦法》定義。

貳、發展遲緩

　　主要定義為嬰幼兒比一般同齡者的發展延遲緩慢，可能是先天身心障礙或疾病造成，但也有可能是後天受到不當對待所致。《身心障礙及資賦優異學生鑑定辦法》（2013）第 13 條指出：發展遲緩是指未滿 6 歲之兒童，因生理、心理或社會環境因素，在知覺、認知、動作、溝通、社會情緒或自理能力等方面之發展較同年齡者顯著遲緩，且其障礙類別無法確定者。發展遲緩在 DSM-5 列於神經發展障礙症之整體發展遲緩，為未滿 5 歲幼

兒的診斷。

發展遲緩常見有語言、視力、聽力、動作、腦部／神經肌肉系統疾病、先天遺傳代謝疾病、全面性發展遲緩等方面。如先天的聽覺障礙無法聽到聲音致無法學習語言，若能提早發現，即可在語言學習關鍵期之前植入人工電子耳，讓嬰幼兒在語言發展的關鍵期得以學習語言，不至於因聽力問題而影響發音及表達。後天因素如嬰幼兒受到嚴重身體虐待，造成腦部受損，影響其智能或肢體的動作協調性。發展遲緩兒童必須透過早期療育接受治療及復健，使能趕上其年齡應有的發展表現。

案例 11-1

已經年滿 2 歲的形形尚未能自行走路，雖已到牙牙學語年齡，但還不會說出爸爸、媽媽的發音，日常說話也含糊不清楚。阿嬤說這應該是大隻雞慢啼，再觀察看看，不用擔心；但是媽媽對照嬰幼兒成長發展的衛教說明覺得不對勁，詢問了同事。同事告訴她形形疑似有發展遲緩的情形，最好帶形形到醫院檢查，如果真的有問題，也好儘早接受治療，以免錯過治療關鍵期。

● 參、自閉症

一、概述

自閉症是因神經心理功能障礙而在溝通、社會互動、行為及興趣表現上出現嚴重問題，以致在學習及生活適應上有顯著困難，其特徵為固著的行為模式、專注在自己、人際互動困難。在特教領域以「自閉症光譜量表」含括亞斯伯格症和高功能自閉症。《身心障礙及資賦優異學生鑑定辦法》（2013）第 12 條的自閉症鑑定基準主要為：顯著社會互動及溝通困難、

表現出固定而有限的行為模式及興趣。精神疾病診斷此症狀是指在早期發展階段中出現，並排除其他神經疾病或語言能力低下之情形，且造成其在人際、學業、工作等之困擾及功能減損（American Psychiatric Association, 2013/2014）。

二、診斷（American Psychiatric Association, 2013）

（一）在多重情境中有持續性的社交互動的缺損，有以下情形：

1. 社會—情緒相互性的缺損，如：無法與他人一來一往的對話、情緒與情感的分享不足、無法回應社交互動。
2. 社交互動的非語言溝通行為缺損，包含從語言及非語言（眼神溝通）的溝通整合不良及肢體語言異常，或理解及運用手勢的缺損，到完全缺乏臉部表情及非語言溝通。
3. 發展、維繫及了解關係的缺損，包含從調整行為以符合不同社會情境的困難，到分享想像遊戲或交友的困難，到對同儕沒興趣。

（二）侷限、重複的行為、興趣或活動模式，至少有以下兩種情形：

1. 以刻板或重複的動作使用物件或言語（如仿說或奇異的言詞）。
2. 堅持同一性、固著地依循常規或語言，及非語言行為的儀式化模式，如每天重複走同樣的路線上學、每天吃同樣的早餐。若有些許的變化即會感到極端困擾。
3. 對於在強度或焦點上顯現不尋常的高度侷限、固著的興趣，如強烈依附於某個物件、過度侷限於某個興趣。
4. 對感官輸入的訊息反應過強或過低，或是對環境的感官刺激有不尋常的興趣，如對疼痛的反應明顯淡漠、對特定的聲音或材質有不良反應、執著地過度摸觸某種物品、對聲光的視覺刺激特別著迷。

> **案例 11-2**
>
> 　　電影《雨人》（*Rain Man*）描述一直以為自己是獨生子的查理因為父親將遺產留給哥哥，才知道原來自己有位哥哥，他為了拿回該有的遺產，找到長期安置在療養院的哥哥雷蒙。在一連串的互動中，得知哥哥為自閉症者，但具有在數理方面的優異天賦。
>
> 　　《星星的孩子》（*Temple Grandin*）描述美國科羅拉多州立大學畜牧系教授天寶・葛蘭汀（Temple Grandin）的故事，自小被診斷為自閉症的她，因著母親不懈地尋找各種教育資源，使其克服種種困難，努力鑽研動物及畜牧學，後來成為畜牧系教授，並以自身經驗致力宣導自閉症的知識。天寶是高功能自閉症患者，呈現在語言表達、人際互動、重複刻板行為，她透過影像式的學習，發揮自己的天分，找到對畜牧的興趣，設計出善待動物的牧養及宰殺系統以提升產能。

肆、學習障礙

一、概述

　　學習障礙一般統稱為神經心理功能障礙，在注意力、記憶、理解、知覺、知覺動作、推理等能力出現問題，致影響聽、說、讀、寫或計算等學習，造成顯著困難；其障礙並非因感官、智能、情緒等障礙因素或文化刺激不足、教學不當等環境因素所直接造成。《身心障礙及資賦優異學生鑑定辦法》（2013）第 10 條之學習障礙的鑑定基準為：智力正常或在正常程度以上，個人內在能力有顯著差異，聽覺理解、口語表達、識字、閱讀理解、書寫、數學運算等學習表現有顯著困難，且經確定一般教育所提供之介入，仍難有效改善。

　　在精神疾病診斷準則的診斷為特定學習障礙症，有閱讀障礙、書寫障礙、數學障礙等類型。學習困難發生於學齡階段，但也有可能是在學業技

巧的要求超過其能力限制時才會顯現出來，可由成就測驗（考試）評估發現其學業技巧是否顯著低於該年齡應有的程度。

二、診斷

　　學習困難已經處遇介入，但仍有下列情形持續六個月以上（American Psychiatric Association, 2013），說明如下：

1. 閱讀不精確或緩慢且費力。如：朗讀文字有錯誤，或是緩慢而猶豫，或需要猜字，發音有困難。
2. 閱讀理解文字有困難。如：能正確朗讀文字，但是卻不懂文字的關係或寓意。
3. 拼音有困難。如：朗讀的時候漏掉一個注音。
4. 書寫表達有困難。如：一段文句中的段落不分明，文意表達不清楚。
5. 掌握數感、數的實際法則或計算上有困難。如：欠缺對數字的大小與關係的理解、計算過程中迷失方向而亂算。
6. 數學推理有困難。如：應用數學概念、實際法則或在程序處理計量的問題上有嚴重困難。

案例 11-3

　　美國知名影星湯姆・克魯斯（Tom Cruise）在童年時期，因為父親工作不穩定，經常搬家、轉學，使得他的閱讀障礙沒有被鑑定出來，老師多半將其課業趕不上的情形視為是新同學的適應期。他的成績不佳，主因是閱讀障礙，會把字母混淆、閱讀速度慢、不會查字典，所幸其母親是特教老師，給予教導。後來他成為演員，其記憶台詞的方式，是藉由他人唸給他聽再背下來，以此克服閱讀障礙（有愛無礙融合教育網站，無日期）。

伍、情緒行為障礙

一、概述

　　情緒行為障礙兒童被歸類為「性格與行為異常兒童」，指兒童由於生理、心理或環境因素的影響，導致其生活內容、思考方式或行為表現僵滯或偏差，而在生活中表現出顯著異於生活常規或年齡發展常態之行為，並妨礙到自己或他人的學習、情緒或人際關係。

二、定義

　　《身心障礙及資賦優異學生鑑定辦法》（2013）第 9 條定義情緒行為障礙為：指長期情緒或行為表現顯著異常，嚴重影響學校適應者；其障礙非因智能、感官或健康等因素直接造成之結果。其情緒行為障礙情形明顯異於其年齡或文化，且嚴重影響學業、社會生活、職業技能、人際關係。

　　情緒障礙的鑑定須透過標準化測驗、觀察、會談，並與個案的教師、家長會談，綜合評估後做出鑑定結果。其鑑定基準須符合以下三原則：

1. 情緒或行為表現顯著異於其同年齡或社會文化之常態者，得參考精神科醫師之診斷認定之。
2. 除學校外，在家庭、社區、社會或任一情境中顯現適應困難。
3. 在學業、社會、人際、生活等適應有顯著困難，且經評估後確定一般教育所提供之介入，仍難獲得有效改善。

　　情緒行為障礙的症狀包括：精神性疾患、情感性疾患、畏懼性疾患、焦慮性疾患、注意力不足過動症，或有其他持續性的情緒或行為問題者。這些症狀泛指發生在兒童及青少年的思覺失調症、憂鬱症、躁鬱症、焦慮症、強迫症、注意力不足過動症、行為規範障礙症、對立反抗症等。

◖ 陸、注意力不足過動症

一、概述

　　注意力不足過動症（attention-deficit / hyperactivity disorder, ADHD）是發生在兒童的無法持續專注或過動的衝動情形。並非是出於故意，而是一種無法控制的行為。

二、診斷

　　在 12 歲前出現數種不專注或過動衝動的症狀，持續至少六個月或以上，在不專注與過動衝動方面，各至少符合六項或以上症狀，且這些情形已經干擾或減低在學業、工作或社交上的功能（American Psychiatric Association, 2013），說明如下：

（一）不專注

1. 無法注意細節，做事容易粗心犯錯。如：看漏文章的內容、漏掉工作細節、做事不精確。
2. 在工作或遊戲時難以持續注意力。如：上課時無法持續專心。
3. 跟他人說話時，讓人感覺好像沒在聽，像是心有旁鶩。
4. 由於做事常失焦且容易分心，經常無法遵循指示完成功課、家事、工作等。
5. 經常在組織工作或活動上有困難。如：難以處理接續性的工作、物品無法有秩序地擺放整齊、房間的東西放得亂七八糟、時間管理不好而無法在時限內完成工作。
6. 經常逃避、討厭或不願去做需要持久心力的工作。如：寫功課、填寫表格、閱讀長篇文章或報告。
7. 經常遺失工作或活動所需要的東西。如：遺失作業、文具、手機、錢包、眼鏡、鑰匙、證件、帽子、背包等。

8. 經常容易受到外在的刺激而分心，有時也因此而轉移話題。

9. 日常生活中常會忘東忘西。如：出門時忘記帶鑰匙、錢包，忘記關燈、關冷氣、關門窗、關冰箱門等。

（二）過動及衝動

1. 經常手腳不停地動或輕敲、踏，或在座位上動來動去，不能安分地持續端坐。

2. 經常在應該維持安靜坐在位置上的時候離席。

3. 經常在不宜跑或爬的場所裡奔跑或爬來爬去。

4. 經常無法安靜地玩或從事活動。

5. 經常處於活躍的狀態中，屁股像裝有馬達般地動來動去，讓人感覺坐立不安。

6. 經常話很多。

7. 經常在問題尚未講完時，就急切脫口說出答案。

8. 經常難以等待排隊。

9. 經常打斷或侵擾別人正在進行的活動。如：打斷他人說話、貿然介入他人的活動、未經允許拿他人的東西。

案例 11-4

　　就讀國小四年級的小美，課堂上經常坐不住，會起身在教室內來回走動，有時甚至跑出教室到操場。功課也常沒寫完，即使寫完也是不完整，如字體歪斜、數學算式寫不完整。跟同學講話時，常常插嘴；面對需要排隊等待時，常常插隊。即使老師一再提醒，小美依然我行我素。由於常跑出教室，老師得出去找她回來，影響課程的進行，令老師非常苦惱，於是請家長帶小美去看醫生，但家長配合度不高，老師不知道該怎麼辦才好。

● 柒、行為規範障礙症（品行疾患）

一、概述

　　行為規範障礙症過去在 DSM 譯為品行疾患（conduct disorder, CD），有時亦被稱為違規行為障礙，DSM-5 譯為行為規範障礙症。老師每學期都要打學生的操行（品行）成績，所以譯為品行疾患也是很貼近我國文化。品行疾患是指反社會行為的一種型態（pattern），反社會的意思就是違反社會的規範與常態，此行為會造成日常及學校生活功能的嚴重損害，也會令周遭的重要他人疲於應付，如家長可能常會接到學校的電話，到校處理孩子的行為問題；學校老師可能因為學生違反規範行為，甚至影響其他同學或上課的順利進行而傷腦筋。這樣的孩子在學校可能經常要到學務處報到，被要求寫悔過書。

　　行為規範障礙症會與其他的精神疾病一起出現，如 ADHD。對立性反抗症、ADHD 及行為規範障礙症這三者經常密切關聯，但並不表示孩子有其中一項，就一定同時會有其他兩項。實務上，有時可見其與 ADHD、憂鬱、焦慮、少年犯罪、物質濫用及性的偏差行為同時出現。

二、診斷

　　行為規範障礙症是一種重複而持續的行為，會侵犯他人基本權益或違反其該年齡層應遵守的社會標準或規範，此行為造成的困擾引起在社交、學業或工作上的功能減損。在過去一年中表現有以下十五項行為的三項或以上，並且在過去六個月內至少呈現一項者（American Psychiatric Association, 2013）：

（一）攻擊他人及動物

1. 常欺負、威脅、恐嚇他人。
2. 常引發打架。

3. 曾使用能造成他人身體嚴重傷害的武器（如棍棒、磚塊、敲破的玻璃瓶、刀、槍械等）。

4. 曾殘忍對待他人的身體。

5. 曾殘忍對待動物的身體。

6. 曾直接面對受害者偷竊（如：從背後勒頸搶劫、扒竊、強奪、持槍搶劫）。

7. 曾強迫他人與自己發生性關係。

（二）破壞財產

1. 曾故意縱火以意圖造成嚴重損害。

2. 曾故意毀損他人財產（縱火除外）。

（三）詐欺或欺騙

1. 曾侵入他人住宅、建築或汽車。

2. 經常說謊以獲取財物或利益或逃避義務（意圖詐欺他人）。

3. 曾在未面對受害者的狀況下偷竊價值不菲的物件（如：非破壞闖入狀況下進入商店偷竊、偽造）。

（四）嚴重違反規範

1. 經常不顧父母禁止而夜間在外遊蕩，在 13 歲之前即開始。

2. 住在父母家或監護人家時，至少兩次逃家在外過夜（或僅一次，但相當長時間未返家）。

3. 經常逃學，在 13 歲之前即開始。

案例 11-5

　　小軍就讀國二時父母離婚，從那時候起他就經常和許多年齡比他大的幫派成員混在一起，也開始中輟不到校。幫派成員教他電話詐騙，向別人騙錢，能夠用這種方法賺錢，讓小軍感到有成就感，因為有自己的收入，不用向家裡拿錢。小軍行詐過程中，若是難以得手，也會威脅對方，不達目的絕不干休，得手的錢也會私下暗留數千元後再交給幫派。即使後來被警察抓到，小軍也淡化自己的行為，認為是倒楣被抓到，完全沒有悔意，稱是被騙者太笨、太貪了才會被騙。經移送少年法庭，小軍雖承認自己騙人，但不認為騙人是什麼嚴重的事。

捌、對立反抗症

一、概述

　　對立反抗症即對立反抗疾患（oppositional defiant disorder, ODD），是指兒童的行為比同年齡者更具有負面、敵意、對立性。主要呈現在與非同齡同儕的互動中，針對權威形象者經常有對立、唱反調、爭論情形。

二、診斷

　　出現下列行為四項以上，持續至少六個月，且至少在與一位非手足的互動中出現（American Psychiatric Association, 2013）：

（一）生氣／易怒

1. 經常發脾氣。
2. 經常難以取悅或易受激怒。
3. 經常充滿憤怒與憎恨。

（二）好爭辯／反抗行為

1. 經常與權威形象者爭辯。
2. 經常主動反抗或拒絕聽從權威形象者的要求或規定。
3. 經常故意去激怒他人。
4. 經常將自己的過失或不當舉止怪罪於他人。

（三）報復心

經常懷恨或記仇，在過去六個月裡至少有兩次懷恨或報仇的行為。

案例 11-6

　　就讀國中三年級的小杰在校經常因小事與同學衝突，下課時，同學從他座位旁邊經過不慎碰倒桌上的飲料，他就很生氣，堅持要對方道歉，賠他一杯飲料。回家作業沒有寫完整，老師請他重寫，就跟老師嗆聲，說他有寫，只是沒寫好，為何要全部重寫浪費時間，認為老師的要求太超過。某日下課時，他經過幾位同學的旁邊，聽到同學在聊天，認為同學講他壞話，就跟同學吵架，要同學跟他道歉，同學覺得他不可理喻紛紛走避，他撂下狠話，要這些同學走著瞧，君子報仇三年不晚。

第十二章
長者精神障礙

● 壹、失智症

一、概述

　　長者一般是指 65 歲以上的人，除了生理狀況衰退外，心理狀況也逐漸衰退。長者的精神狀況可分失智症（dementia）與譫妄（delirium）兩大類障礙。失智是慢性、持續性腦功能退化而造成的，譫妄則是急性腦功能受損的一種表現。

　　失智症不是單一項疾病，而是一群症狀的組合（症候群），其症狀不單純只有記憶力的減退，還會影響到其他認知功能，包括語言能力、空間感、計算力、判斷力、抽象思考能力、注意力等各方面的功能退化，同時可能出現干擾行為、個性改變、妄想或幻覺等症狀，這些症狀的嚴重程度足以影響其人際關係與生活能力。為免汙名化，改稱認知障礙（台灣失智症協會，2012）。

二、診斷

　　失智症在DSM-5的正式病名為認知障礙症（major neurocognitive disorder），分為輕型認知障礙症及認知障礙症。

（一）輕型認知障礙症

輕型認知障礙症不歸在失智症內，因為認知障礙症狀尚未干擾每日活動的獨立進行，如複雜工具性的生活活動，但可能會較吃力。

（二）認知障礙症

認知障礙的症狀已經干擾每日活動的獨立性。主要呈現一項或多項認知上（複雜注意力、執行功能、學習和記憶、語言、知覺動作或社交認知）顯著比先前的認知表現降低。必須根據個別個案、了解個案狀態的資訊者、臨床專家的評估，並由標準化的神經認知檢測評估其認知表現是否顯著減損。

失智症與老化的不同為上述症狀在老化是偶然發生，可能突然忘記但事後會再想起，症狀退化的速度穩定，本身有病識感會主動就醫，並不會影響日常工作及人際互動（長安神經醫學中心，2019）。

三、類型

失智症的原因眾多，主要分以下幾類（Kring et al., 2016/2017；長安神經醫學中心，2019）：

（一）阿茲海默症

約占所有失智症的 60% 左右。早期症狀以記憶力退化為主，特別是近期記憶，往往記不得最近發生的事而重複問一樣的問題，但對過去的事尚記得。之後病情變差，呈現漸進式不可逆的認知功能退化，後期影響的症狀較全面，包括語言、判斷力退化，也可能出現幻覺、妄想等精神症狀，最終可能需臥床及仰賴他人照顧。病因可能和類澱粉蛋白質斑塊堆積引發免疫發炎反應有關，引發膠狀細胞吞食正常的神經細胞。

（二）血管性失智症

為第二常見，約占 10 ～ 20% 左右，因腦中風或慢性腦血管病變造成。

（三）額顳葉失智症

此類發病年齡較早，症狀不是以記性變差來表現，而是會有行為異常及個性改變，特別是行為控制，如：在不當場合發言、說不適當的言論、重複一些動作如蒐集物品，也會變得較冷漠。

（四）路易氏體失智症

好發於 70 歲之後，腦部特定區域有稱為路易氏體的蛋白質沉積物而命名。早期有認知功能減退、動作遲緩、僵硬、顫抖等巴金森氏症的症狀，有鮮明的視幻覺，認知障礙會波動。

案例 12-1

76 歲的妻子聲稱 78 歲的先生外遇，而且被先生打，因此聲請保護令，但先生告訴心理師說他沒有打她：「我都已經快 80 歲了，怎麼可能外遇？」「你太太脾氣一向這樣嗎？」「不是！」「那是否曾發生什麼事情後變成這樣？」「好像是三年前中風後就變這樣。」經過釐清，應該是中風後的血管型失智症所引起的忌妒妄想，請其家人帶至醫院就醫後確診。

貳、譫妄

一、概述

譫妄是因生理問題造成的急性意識混亂狀態，會影響注意力集中的能力，造成病人對外界環境無法清楚覺察。通常認知能力會下降、判斷能力變差、記憶力變差、對人事時地物不清楚、胡言亂語，甚至會產生錯覺或幻覺等症狀。

二、診斷

　　在注意力、知覺、認知等方面之改變，DSM-5 的診斷如下列情形（American Psychiatric Association, 2013/2014）：

1. 困擾的注意力，包含指向（direct）、聚焦（focus）、維持（sustain）和轉換注意力（shift）的能力降低，和察覺力（對環境的定向感降低）。
2. 在短期（通常數小時到數天）內發生困擾，表現出從基準注意力和察覺力的改變，而且嚴重度在一天當中容易波動。
3. 有認知困擾，如：記憶缺失、失去定向感、語言、視覺空間能力或知覺。

案例 12-2

　　罹患糖尿病及腎結石的 80 歲阿公，近日手術後傷口疼痛，在病房常會胡言亂語。有時候會跟看護說：「剛剛前面有一隻公雞走過去，你有沒有看到？」或者是說看到有人站在床邊一直看著他。由於疼痛又在床上躺不住，常吵著要出院，甚至自行拆掉點滴，讓家人及看護非常頭痛。

　　阿公因為疼痛而出現在病房看到公雞或有人看著他的情形，屬於急性意識混亂時的錯覺或幻覺之譫妄症狀。

參、病理與治療

　　譫妄通常是由生理上的異常所造成，含手術對心理與生理所造成的壓力、電解質不平衡（如低血鈉、高血鉀等）、疼痛及治療疼痛的藥物（如嗎啡類止痛劑）、手術中造成的失血、感染發燒（如肺炎、泌尿道感染）、代謝性問題（如肝功能或腎功能異常或是血糖太高或太低）、營養不良、

缺水及失眠等。如果生理性的異常沒有解決，病人會持續有譫妄的現象。
譫妄通常是短暫現象，譫妄的根本原因解決後的三到七天，症狀就會慢慢
消失（亞東醫院，2015）。

　　自 2000 年起失智症的研究已經確認是由慢性發炎引起，除醫師開具
處方藥之外，健康的抗發炎飲食與攝取抗發炎營養素都很重要，如維生素
C、B 群及鋅都是保健良方。近年研究發現腦源性神經營養因子（brain-
derived neutrotrophic factor, BDNF）與失智症的關聯（張瑋珊、廖偉呈，
2018）。透過補充均衡營養和規律運動，可間接提升腦源性神經營養因
子，改善認知功能（黃雅祺、陳兆煒、謝東呈，2023）。此外，平常亦可
按壓穴位保健，如：合谷穴與液門穴，以及保護心智的內關穴、神門穴、
太衝穴。

第十三章
成癮者精神障礙

壹、概述

　　成癮是指對某物或某事有下列情形：(1)「無法克制」地持續投入；(2)「難以停止」的行為；(3)已經影響個人之職業、家庭或社交功能。對物成癮屬物質癮，如藥癮、酒癮；對事成癮屬行為癮，如網癮、性癮。該定義雖有三要素，但關鍵是前面兩項——耐受性（tolerance）是「愈用（做）需愈多，才能達到同樣的感覺」；戒斷性（withdraw）是「不用（做）則不行，身體受不了」。耐受性有一重要觀念，即「半衰期」（half life），指藥物進入身體代謝到一半所需要的時間，通常是時間愈短者成癮性愈高，如海洛因之半衰期為四、五個小時，故其成癮性極高，使用者一天需用到三至四次。本章介紹藥物、酒精及網路成癮與可行的治療方式。

貳、物質成癮

一、成癮物質

　　哪些物質會成癮？美國學者 Thornyon 與 Voigt 依據毒品對人體生理作用之不同，區分為「抑制劑」和「興奮劑」兩類。抑制劑又可細分為「中樞神經麻醉劑」和「中樞神經鎮靜劑」；興奮劑又可分為「中樞神經興奮

劑」和「中樞神經幻覺劑」，可知毒品分類為二大類四小類，如表13-1（蔡德輝，2004）。這些成癮藥物可提供個人減少痛苦或增加快樂的作用，使用毒品的人即是在尋找快樂，然而離苦得樂的方式有很多種，為何沉迷於對身體有極大危害的毒品呢？顯然須找到令個人如此選擇的關鍵點才可解套。

表13-1

成癮藥物之種類及分級

抑制劑	中樞神經麻醉劑	罌粟類	鴉片（opium）	第一級毒品
			嗎啡（morphine）	第一級毒品
			可待因（codeine）	第二級毒品
			海洛因（heroin）	第一級毒品
		合成類	潘他唥新（速賜康，pentazocine）	第二級毒品
			美沙酮（methadone）	第二級毒品
	中樞神經鎮靜劑	巴比妥（barbital）		第四級毒品
		精神安定劑（benzodiazepine）、K 他命（麻醉輔助劑 3 級）		第三級毒品
興奮劑	中樞神經興奮劑	古柯鹼（cocaine）		第一級毒品
		安非他命類	安非他命（amphetamine）	第二級毒品
			甲基安非他命（methamphetamine）	第二級毒品
	中樞神經幻覺劑	大麻（cannabis）		第二級毒品
		麥角酸二乙（LSD）		第二級毒品

註：引自蔡德輝（2004）。

　　依據《毒品危害防制條例》（2022）第 2 條，毒品依其成癮性、濫用性及對社會危害性，分為四級，一級比二、三、四級的成癮性更高。實務發現海洛因復發率高於安非他命，然安非他命對於神經的危害性遠高於其他藥物。安非他命是極強的興奮劑，是二次大戰時德國軍醫發展出來給疲累的士兵打仗之用，吸食後會持續四天興奮期，但接下來的四天則會昏睡。因藥效過強，故會導致獨特的「安非他命使用後思覺失調症狀」，產

生幻聽、幻視、妄想。國內多起砍頭殺人案，犯案者皆濫用此物質。使用者容易罹患精神病，如器質型精神病。

二、診斷

美國精神醫學會 2000 年出版之 DSM-IV-TR 診斷手冊，將物質相關障礙分為兩群四型：

（一）物質使用障礙（substance use disorders）

分為物質濫用（只濫用而沒上癮）、物質依賴（已有耐受性與戒斷性）。

（二）物質引發障礙（substance-induced disorders）

分為物質戒斷、物質中毒。因戒斷屬於依賴，故此分類有重複而須修正。2013 年發表的 DSM-5 改為光譜化，並分出輕、中、重度之切點，較為合理。共有 11 項指標，符合二至三項者為輕度、四至五項者為中度、六項及以上者則為重度，如表 13-2。

表13-2
DSM-5 對物質使用障礙的診斷指標與分級

物質使用障礙診斷指標	嚴重度
1. 使用高劑量或已使用一段時間而想停卻停不下來	0～1：無此診斷
2. 想戒掉但都戒不掉	2～3：輕度 SUD
3. 花過多時間在使用物質	4～5：中度 SUD
4. 花過多時間在渴求物質	6～最高：重度 SUD
5. 無法完成規定事項，如工作或學業	
6. 社交或人際已有問題仍持續使用	
7. 導致日常與休閒活動停止	
8. 即使身體狀況很差仍持續使用	
9. 身體或心理狀態都很糟了仍持續使用	
10. 有耐受現象（即愈用愈多，才能達到同樣快感）	
11. 有戒斷現象（即不用不行，身體會受不了）	

註：引自 American Psychiatric Association（2013/2014）。

三、病理與治療

（一）生理醫學

Freeman 於 1992 年整理出三種成癮理論模式（引自陳淑惠，1998）：

1. 疾病模式（disease model）

將成癮視為一種疾病，是一個醫學上的問題。疾病模式提供符合成癮症狀之診斷標準，同時也視藥物為治療成癮症之合法途徑。

2. 適應模式（adaptive model）

認為不當的教養過程、不當的外在環境、先天生理或心理缺陷等問題，會讓個人無法真正成熟長大。因此，在社會未給予自信、能力與社交接納度之下，個體藉由對某些物質或行為成癮來適應生存。故提供支持性環境、專業心理治療等方式可幫助個體建立自信心與社交能力，進而選擇較健康的方式來適應生存。

3. 生活方式模式（way-of-life model）

認為成癮是個體在多重的生活方式或角色上無法取得平衡，如酒精或藥物的使用使人暫時得到掌控的經驗，進而形成持續性、破壞性的成癮生活方式。故主張改變生活方式，重新獲得角色的平衡，以改善成癮現象。

（二）心理學與治療

McKay 與 Weiss（2001）曾對 12 個關於濫用藥物戒治處遇之縱貫性實證研究加以評估，發現「家庭／社會問題」、「精神狀況」及「自信愈低」者愈嚴重，則藥物戒治成效愈差，此研究證實家庭與社會環境對成癮有極關鍵性影響。加拿大精神科醫師 Gabor Mate 提出的成癮創傷理論，認為所有的成癮都跟創傷（trauma）有關，關鍵在找到造成其創傷的原因。個人缺乏關係或與世隔絕感，以及生活壓力過大等都是情感痛苦的表現[1]。

綜合上述提出以下觀點：成癮是尋找「增加快樂或減少痛苦」以因應

1　搜尋 YouTube「你對上癮的所有認知都是錯的」（Ted 演講，中文字幕）。

困難，正常人因效能好，故能取捨而用正面癮，亦即從正面行為找尋紓壓的方式；而成癮者是因紓壓的效能不好，且被周遭負面朋友及環境影響而深陷其中，只學習到用負面癮來紓壓。會持續心理癮的人有以下特質：

1. 幼年或過去曾有創傷。
2. 家庭支持差。
3. 低自信（即低自我效能；自我效能為自己能面對與解決困難的信心程度）。
4. 入獄（被關在監獄裡其實是一種傷害，大過於其他懲罰）。

　　若沒有具備以上特質者，則不會有心理癮。因此診療重點在使「行為四關鍵」能改善，尤其是解決昔日創傷，自然就不會有心理癮。可從自信訓練開始，社工人員可暫時代替家人提供關心，鼓勵其逐漸釋懷創傷，並找到活著的靈性目的。

四、司法戒治及社會支持方案

　　我國對於毒品犯在監獄內的處遇，首先是「觀察、勒戒」，認有繼續施用毒品之傾向，則再裁定「強制戒治處分」。就《毒品危害防制條例》立法精神而言，強調施用毒品者具有「病患兼犯人」的特質，採用「生理治療與心理復健雙管齊下之戒毒矯治作為」，同時，對施用毒品者雖設有刑事制裁規定，但可視其戒治成效，對初犯及五年後再犯者，決定是否給予不起訴處分。

（一）觀察勒戒處分

　　當受觀察、勒戒人被移送到指定勒戒處所時，即查驗法院裁定書、移送公函、有無毒品犯罪前科及其他犯罪紀錄資料，再施行健康檢查以決定是否合於所內觀察、勒戒。之後採集尿液並送檢驗及填載各項資料，開始進行對受觀察勒戒人戒斷症狀、行為及情緒問題之觀察與記錄，內容包括：人格特質、臨床徵候和行為表現等。

（二）強制戒治處分

受觀察、勒戒並經法院裁定有繼續施用毒品傾向而令入強制戒治處所者，則移送戒治處所進行強制戒治。一般戒治處所是附設於監獄內，強制戒治之期間則為六個月以上一年以下。在進入戒治處所時，所方應依法定程序予以接收，並調查其入所裁定書、移送公函及其他應備文件，再施以個人基本資料、背景之調查及健康檢查。接著施以戒治處分，戒治處分之執行共分三階段，分別為調適期、心理輔導期、社會適應期。這三個階段是逐次進階，分別經所務委員會審核通過，如三個階段都能順利完成並通過審核，則停止強制戒治。考評標準是以受戒治人參與課程情形、成績表現、平日言行、獎懲紀錄、書信、接見紀錄、日記、自傳及教誨紀錄等為依據。經受戒治處遇屆滿六個月後之成效評定為合格者，戒治所得隨時檢具事證，報由檢察官聲請法院裁定停止戒治，辦理出所事宜。

（三）社區強制驗尿

警察機關依《毒品危害防制條例》及《採驗尿液實施辦法》執行採驗尿液作業規定。對於違反《毒品危害防制條例》（2022）第 25 條第 2 項者列管為應受尿液採驗人，應受尿液採驗人每三個月至少以書面通知接受採驗尿液一次。如應受尿液採驗人有事實可疑為施用毒品時，依《採驗尿液實施辦法》（2018）第 10 條規定，得隨時採驗。

（四）藥癮者家庭支持服務方案

家屬的支持是協助藥癮者成功戒癮及賦歸社會的力量，故此方案以成人藥癮者家庭為核心，以其家屬及重要親友為主要服務對象，著重於重建及修復家庭關係，提升家屬接納藥癮者，鼓勵入監探視及維繫關係。社工人員遇有此類個案，可轉介至此方案提供協助。

案例 13-1

成功輔導一位物質濫用年輕人的故事

作者在美國擔任實習諮商師時，督導轉介一位 20 歲的吸食搖頭丸（Ecstasy）者。當時使用現實治療法（reality therapy），該學派強調成癮很難改，只有「用正面癮來取代負面癮」一途，且強調每個人的內心都有理想的生活世界，包含家庭生活、休閒生活、工作生活等。因此，簡單寒暄後我詢問他：「在什麼樣的情況下會想要吸毒？」他說生活太無聊，且他的工作是跟媽媽去附近幫別人割草，而媽媽每月只給他一天假。於是我問：「你夢想的休閒生活是什麼？」他說好問題，他要想想。之後他告訴我，他想要有艘遊艇。我問他：「在密西根州買到遊艇很難嗎？」他又說好問題，給他時間想想。隔週，他來輔導時把我拉去停車場，說他上週已經買了船，且將價值三千美元的車賣掉，花兩千五百元買一艘船，並換買這台價值五百元還可開的車。我驚訝地問他怎麼買到的，他說他割草時看到地主要賣兩艘船，他就去講價請對方打五折賣他。他又告訴我他馬上去辦理，並當場拿到駕照與行照。我恭喜他後，問他接下來的假日怎樣安排，他說他要帶祖母、媽媽、女友一起開船遊湖。我再問他哪一個假日出遊呢？他說他這週要帶女友開船遊湖，下一週載祖母與媽媽。我問他會否邀請吸毒的朋友呢？他說 NO! NO! 甚至不能讓他們知道，因為他們若知道會來船上吸毒，到時他可能要被關，不但船沒了，女友也沒了。我鼓勵他這樣想就對，經輔導十次後向觀護人聯絡並報請結案。

🌑 參、酒癮者的治療

一、酗酒與酒癮

酒駕發生車禍甚至撞死人的事件時有所聞，雖然修法嚴罰酒駕者，但

許多酒駕者多有酒癮，使其入監但未實施治療恐怕難達成效。事實上，酒癮是一種精神障礙的表現。

二、喝酒的三類型

（一）品酒

是指能找對時間喝、適量喝，且能享受人生的喝酒者。中午前不宜喝酒，限量男性 30cc 純酒精、女性 20cc 純酒精。如啤酒 5%（大約兩鋁罐共 700cc 會有 35cc 純酒精），而高粱酒要注意幾度（38/58），若是一杯 100cc 就有 38cc 或 58cc 純酒精。

（二）酗酒

放縱自己到成為愛喝酒者，關鍵是耐受性，也就是愈用則需愈多量，才能得到同樣的感覺。可分為兩類：一般酗酒（愛喝酒但尚未到一週三天且喝醉的情形）以及嚴重酗酒（一週至少喝四天以上且喝到醉，約二到三個月就可達到酒癮）。

（三）酒癮

已到不喝不行的程度，關鍵是戒斷性，也就是不用則不行，身體會受不了。可分為：一般酒癮（不喝酒會手抖或睡不著）以及嚴重酒癮（每天一睡醒就喝，五年死亡率為 50%）。

三、生心理病理

美國德州大學生化教授 Roger Williams（Walsh, 2014/2016）以老鼠實驗，確認酒癮老鼠會繼續過度喝酒，是因為長期酗酒後導致營養不良而再持續酗酒的惡性循環，補充維生素 B 群可以停酒或減酒。他也發現飲酒過度有部分是體質造成。在鼓勵酒癮者吃 B 群後，發現有家族酗酒史者多會減酒，但無家族酗酒史者則多會停酒。

　　酒精的代謝途徑為：乙醇（須有 B_1）→乙醛（較有毒性）→乙酸（較無毒性）。醫師會開給酒癮者戒酒硫的機制是抑制乙醛代謝為乙酸，導致飲酒後產生嫌惡反應（如面潮紅、冒汗、噁心、嘔吐），增強酒精負向回饋作用，讓酒癮者不輕易再喝酒，提供強烈抑制使用酒精的制約力。但酒癮者須有很強動機才會吃戒酒硫，實務上一般帶回家後 90% 不會吃。

　　酒精會使免疫細胞誤認含酒的肝細胞為細菌而將之攻擊殺死，逐漸形成酒精性肝炎甚至肝硬化，且導致肝中有毒性的氨無法轉化為較無毒性的尿素（使無法在肝行尿素循環），而氨充斥到腦部，導致肝性腦病變，造成疲倦、虛弱、嗜睡、頭痛、憂鬱，嚴重會肝昏迷。維生素 B_6 會幫助肝將蛋白質轉為氨，再轉為尿素，但酗酒也會使 B_6 流失。酒精也會影響 B_3、B_9 與 B_{12} 的吸收，而缺乏 B_3（菸鹼素／還原劑）會有狂亂、缺乏 B_9（葉酸／氧化劑）會神經病變、缺乏 B_{12} 會神經退化與記憶喪失。服用維生素 B 群，其中 B_1（硫胺）可助肝代謝醣類，B_6 可助肝代謝蛋白質。B_3/B_9 可透過還原氧化修復肝／腦細胞。

　　酒精戒斷症候群是指長期大量飲酒後，停止飲酒時身體會出現極不舒服的反應，包括：盜汗、手抖、失眠、嘔吐、情緒不穩以及暫時性的幻覺，嚴重者甚至可能癲癇或死亡。酗酒導致長期鈣鎂鋅大量流失，此時白天與睡前補充營養保健品鈣鎂鋅片可改善睡眠，也有助於情緒穩定和改善心搏。

　　作者曾詢問接受團體治療的各一位減酒與戒酒成員，關於他們食用營養品的幫助程度，若輔導的整體療效為 10 分，營養品大約占幾分？完全戒酒者說約各 5 分，而減酒者則說營養品約 6 分。由此可知改善成癮者的治療方法中，神經營養的重要性。

案例 13-2

　　每天一瓶金門高粱的阿智，因氣外籍妻子的行為不檢而毆打妻子，妻聲請保護令並離婚。經接受輔導後表示願意減酒，並開始吃 B 群。阿智稱每天早上吃 B 群後，傍晚就不想喝烈酒，而改買兩瓶啤酒，並說他弟弟也是從一天一瓶半高粱，改到一天變兩瓶啤酒。經問有無酗酒家族史，稱父長期喝酒且會毆打母親，此符合 Williams 等人（1949）之推論，有家族史的酗酒者可降酒但無法完全停酒。

案例 13-3

　　兩年來每天喝兩箱啤酒的王太太，因氣丈夫常去酒店談生意，認為「我幫你顧小孩，卻不知道你抱哪個女人」而每天喝酒。夫妻大吵後稱要帶兩個國小子女自殺，被通報暫送寄養家庭安置。經治療師詢問是否希望子女返家，夫妻異口同聲說當然希望。經鼓勵用善意溝通方法後，改善夫妻溝通，丈夫亦同意提醒太太吃 B 群與鈣鎂片保健。之後告知治療師，太太在第三天就完全沒喝酒，也好睡了。治療師亦給他們功課，要他每週末帶太太出遊。治療到後期，自信程度從三分提升到七分。太太稱家族無人酗酒，故符合 Williams 等人（1949）之推論，無家族史的酗酒者可完全停酒。

肆、網路成癮

一、定義

　　網路成癮泛指過度使用網路／電腦、難以自我控制，導致學業、人際關係、身心健康、家庭互動、工作表現上的負面影響。網路成癮的常見型態有網路遊戲、色情網站、社群網站成癮等，其中最常見的是網路遊戲成癮。

二、診斷

　　2019 年 WHO 將「電玩成癮」（gaming disorder）加入《國際疾病分類系統第十一版》（ICD-11）的精神障礙中，但 2013 年的 DSM-5 則指出要把網路遊戲成癮症列為一種精神障礙，仍需要更多研究支持，故尚未列入。ICD 第十一版將電玩成癮診斷標準認定為：需嚴重到足以造成個人、家庭、社交、學業、工作或其他重要方面的嚴重缺失才能夠診斷，通常持續 12 個月以上。特徵為：

1. 無法克制地玩電玩。
2. 電玩成為最優先項目，其他的興趣與日常活動被排到後面。
3. 就算有負面的影響，仍然繼續玩電玩甚至更沉迷其中。

　　此外，台灣在臨床上使用的診斷準則可參考柯志鴻醫師（2005）的臨床經驗，其診斷準則包括三個軸向（引自王智弘，2009）：

　　A 軸：在以下九項中符合六項：(1) 整天想著網路上的活動；(2) 多次無法控制上網的衝動；(3) 耐受性：需要更長的上網時間才能滿足；(4) 戒斷症狀：產生焦慮、生氣等情緒，並需接觸網路才能解除；(5) 使用網路的時間超過自己原先的期待；(6) 持續想要將網路活動停止或減少，或有多次失敗的經驗；(7) 耗費大量的時間在網路活動；(8) 竭盡所能欲獲得上網的機會；(9) 即使知道網路已對自己造成生理或心理的問題，仍持續上網。

　　B 軸：功能受損（須至少一項符合）：(1) 學校與家庭角色受影響；(2) 人際關係受影響；(3) 違反法律或校規。

　　C 軸：網路成癮的行為（須完全符合）：無法以其他精神疾患或躁鬱症做最佳之解釋。

三、治療

　　王智弘（2005）參考 Young 與 Goldberg 的觀點，建議網路上癮的諮商步驟包括「覺、知、處、行、控」五個步驟。

1. 覺：覺察病識感

協助個案覺察到自己已過度使用網路，使其對自己的上網行為有「病識感」，或覺察自己的行為失當，如知道自己已「超時」上網。

2. 知：知道上癮行為的背後是有理由的

過度上網的行為是潛在心理問題導致其逃離正常生活的結果。

3. 處：處理潛在問題

讓個案深切了解逃避問題只是使問題更加惡化，並非解決問題之道。

4. 行：發展並執行改變計畫

配合第三步驟的處理潛在問題，協助個案提出具體改善上網行為的行動計畫，並身體力行逐步改變。

5. 控：培養自我監控能力

逐步降低上網時間，培養對時間的敏感度與對自我的監控能力，使其在達成諮商目標回歸正常與和諧的生活之後，能自我監控以維持改善的成果，面對未來的誘惑與挑戰。家長應密切配合輔導人員，建構有利諮商效果達成的環境。

對使用任何一種癮的個案皆可採用「行為四關鍵」評估，可以問：「會想要一再上網，對你來說是增加快樂？還是減少痛苦？快樂及痛苦各占幾成？」留意有無減少痛苦，若有，要留心個案所說的任何痛苦，並請其排序，如問：「至今，令你最不舒服的兩件事是什麼？各有幾成的不舒服？怎麼說？」如此可繼續使用情緒釋放療法來降低該不舒服直到 0 或 1。務必使個案的重大不舒服事件逐漸消除，才能使其有能量改善不穩定的行為。如果上網行為的原因百分之百是增加樂趣，則問：「曾怎麼做或期待怎麼做合宜的事，可以讓你有滿滿的樂趣？」要鼓勵個案努力做且認真做，來補足所需要的樂趣。

此外，鼓勵成癮個案「早上吃 B 群、睡前吃鈣鎂」，使神經系統具備足夠的營養才能有正面的循環。成癮者常因成癮而導致失眠與情緒起

伏，在還沒有惡化之前施以營養保健，可避免疾病的危害。即使已經有精神科藥物介入，也需持續補充身心所需的營養。

案例 13-4

　　就讀國一的小達，功課一直落後，國一下學期開始每天早晚都玩網路遊戲，作息日夜顛倒，不想去上學。每當父母敦促時就口罵髒話，堅持不去上學，逼得父母只能各自去上班，放他一人在家，形同中輟。如果家中網路不穩，小達就懷疑父親故意切斷網路並辱罵，甚至亂丟手機或打父親，令父母憂心忡忡。強制帶小達就診精神科後，確診為電玩成癮，請醫師收容入住病房月餘。之後小達轉學到某住宿型學校，學校平時規定不可使用手機，只能在週末返家的假日期間才能使用，在逐步行為調整下，小達的身心漸漸回復正軌。

第十四章
家庭暴力者的類型

壹、家庭暴力者的定義

　　根據《家庭暴力防治法》（2023）第 2 條，家庭暴力指家庭成員間實施身體、精神或經濟上之騷擾、控制、脅迫或其他不法侵害之行為。第 3 條的家庭成員關係，包括：配偶或前配偶；現有或曾有同居關係、家長家屬或家屬間關係者；現為或曾為直系血親；現為或曾為四親等以內之旁系血親或血親之配偶；現為或曾為配偶之四親等以內血親或血親之配偶。介定親屬之間關係的方式為：在畫家系圖的成員關係時，每位成員之間若為一條線的連結，則為一等親；如父母與子女的關係，為一等親。若為兩條線的連結，則為二等親；如祖父母與孫子女的關係則為二等親。

貳、家庭暴力者的分類

一、親密暴力者之分類

（一）Holtzworth-Munroe & Stuart（1994）

　　以文獻分析法分析以往的婚暴者分類學，歸納出婚暴者的分類有三個向度：施暴嚴重程度、施暴對象（只對妻或亦對外人）、心理病理或人格障礙，並提出親密暴力者的三個類型。

1. 只打家人型（family only）

　　施暴行為只針對家人，多半無前科紀錄，較無生理病理上的問題，暴力程度較其他兩類型小，此型約占 50%。此類型之社會經濟地位從高到低都有，中高社經地位者也會對妻施暴，常令助人者難以想像。

2. 反社會型（generally violent/antisocial）

　　施暴行為不僅是針對家人，也發生家外的暴力行為，有反社會行為及犯罪前科紀錄，約占 25%。此類型較不令助人者感到意外，因其慣常以暴力處理衝突，亦可能有反社會人格障礙，也有自戀本質，認為衝突的錯誤者永遠是對方，故需要出手教訓，且不怕親密對象離去，自認可以隨時找到性伴侶。

3. 邊緣型（dysphoric/borderline）

　　在家外可能有施暴行為，但並不多；有邊緣型人格障礙、情緒易變常煩躁、易有自殺及殺害親密伴侶的毀滅行為，約占 25%。此類型有邊緣型人格傾向，其特點為「曾說過要分手就一起死」、「曾威脅要自殺或自傷」，妻若要提分手則完全無法容忍。其施暴行為常具有毀滅性，常會殺妻兒後自殺，是最需要避免悲劇發生之婚姻暴力類型。

（二）林明傑（2003）

　　以高雄縣市兩個月內抽出的 121 位男性婚姻暴力加害人為樣本，以群聚分析四個分類，結果和 Holtzworth-Munroe 與 Stuart（1994）的三分類相似，其中邊緣型占 25%，兩研究結果均一致。

1. 低暴力型

　　即「只打家人型」，占全部的 53.6%。

2. 酗酒高致命型

　　特質接近「反社會型」，占全部的 20.5%。

3. 廣義邊緣型

　　特質為 100% 控制被害人的每日生活，有 88% 曾說過「要分手就一起死」，符合邊緣型人格之極度害怕分手，但只有 38% 曾聲稱要自殺。

此類型之身體暴力嚴重度為次高，致命行為次數在過去一年也為次高（平均 1.50 次），顯示此類型之致命暴力占所有類型之第二高。此類型占全部的 21.4%。

4. 狹義邊緣型

特質為控制被害人的每日生活，有 88% 曾說過「要分手就一起死」，有 100% 的加害者威脅要自殺。此類型比廣義邊緣型者更接近邊緣型人格障礙，其異性伴侶有 80% 也想自殺，可見其承受極大之壓力。此類型占全部的 4.5%。

二、兒少虐待者之分類

內政部兒童局[1]統計 2010 年的兒少保護總件數 33,162 案，分析傷害原因及占比如下：缺乏親職知識（39.6%）、婚姻失調（21.0%）、貧困（9.5%）、失業（5.5%）、精神疾病（4.5%）、人格障礙（1.3%）、迷信（0.3%）、童年受虐經驗（1.0%）、其他（9.4%）。依據上述之統計及作者實務經驗，並綜合心理與社會原因，初步將兒童傷害者分為以下六類型：

1. 親職缺乏型

多有正常工作，且忙於工作，因家長被子女的某些不符合期待行為所激怒而施予體罰，此類型最需要親職教育及法律知識的幫助，約占 40%。

2. 貧困型

常因社會經濟之弱勢而未穩定就業，因為貧窮而無法提供子女穩定生活，需要社會局與社福機構之經濟補助與關懷，約占 15%。

3. 酗酒或吸毒型

多為長期酗酒者，若有藥癮者則多有犯罪行為，為需長期接受精神科或心理衛生介入者，約占 10%。

1　兒童局已於 2013 年裁撤，併入於衛生福利部社會及家庭署。本表可見林明傑（2003，124 頁）。

4. 精神障礙型

多為慢性精神障礙者，如思覺失調症或妄想症者為保護子女不受災難危害而阻止上學，或攜子女一起自殺的重鬱症者等，約占 5%。

5. 氣憤伴侶型

因氣憤配偶或同居人之行為（如外遇）而虐待子女，約占 18%。

6. 亂倫型

此類型因涉及性侵害犯罪，不論對象為長輩、平輩或晚輩，均建議應依法由監獄與社區之精神科醫師、心理師或社工師協助治療輔導之，並由社政及警政單位持續監督關懷，約占 2%。

三、對 65 歲以上尊親屬施暴之加害人分類

林明傑與陳慧女（2021）的成人非親密關係家庭暴力被害人致命危險評估量表之研究結果，分為威脅低致命型（8.1%）、氣憤型（49.0%）、氣憤高致命型（12.5%）、精神不穩再打型（30.3%），此類型加害人的年齡平均為 42.82 歲，屬於中壯年者。這四類型加害人在十題項的 F 檢定都達到顯著差異。氣憤高致命型的致命暴力行為是 15% 最高，而威脅低致命型與精神不穩再打型各為 4%，氣憤型為 0%。且氣憤高致命型的加害人，其被害人認為其氣憤在過去三個月達到 80.38%，而被害人認為未來三個月有 40.06% 的可能性會被對方殺死，比其他三個類型高出許多。

四、對 65 歲以下尊親屬施暴之加害人分類

林明傑與陳慧女（2021）的研究分為威脅低致命型（42.3%）、氣憤高再打型（14.0%）、氣憤低致命型（31.9%）、精神不穩致命型（11.7%），此類型加害人的年齡平均為 28.29 歲，屬於青年者。這四類型加害人在十題項的 F 檢定，除加害人曾自殺外，都達到顯著差異。精神不穩致命型的致命暴力為 19%，氣憤高再打型為 12%，氣憤低致命型為 7%，威脅低致命型為 5%。且精神不穩致命型的加害人，其被害人認為其氣憤在過去

三個月達到 70.33%，而被害人認為未來三個月有 60.36% 的可能性會被對方殺死，都比其他三個類型高出許多。

　　對尊親施暴的加害人危險評估量表，可於衛生福利部或 www.grb.gov.tw 網站下載使用（林明傑、陳慧女，2021）。

● 參、評估與處遇

一、親密暴力者的評估與處遇

（一）親密暴力評估首重致命評估，其次才是成因評估

　　邊緣型親密暴力者的特點為：「曾說過要分手就一起死」與「曾威脅要自殺或自傷」。若只具前者屬廣義邊緣型，已非常致命，若兩項都有則屬於狹義邊緣型，更為致命。對於此類型者的被害人務必提供庇護，或確保婚暴者無法找到被害人。如社工評估個案屬此類型，必須於兩天內指派關懷訪視社工找到加害人，同理其不舒服後，告知可陪同出庭並提供法律諮詢。若加害人未被及時安撫，恐有玉石俱焚的危險，如殺死妻兒後自殺。

　　「台灣親密關係暴力危險評估表」（Taiwan Intimate Partner Violence Danger Assessment, TIPVDA）在 2012 年實施，引用美國 DA 量表之多數題目，計 15 題，每題 1 分。而 TIPVDA 2.0 於 2023 年開始實施，改為「通報 8 題版」與「社工續查 18 題版」，前者有 8 題，每題 1 分，以 5 分或以上即為高危險。而後者有加權，總分 40 分，達 20 分以上即可認定高危險，可於衛生福利部網站下載。該 8 題刪除「曾說過要分手就一起死」的題項，由於親密暴力者有約 5% 為狹義邊緣型者，缺乏此題項則無法辨識出邊緣型人格者而產生致命危險。建議工作人員若在續查版辨識出為邊緣型人格者，必須請負責關懷訪視的社工務必在兩天內訪視到加害人，告知可提供法律諮詢及關心，以降低其情緒不穩並避免可能致命的危險性。

（二）處遇方向

　　能夠解除家暴危機，約有 90% 是在加害人的服務，然這類個案只有 20% 的案件會聲請保護令，並只有其中 25% 會有處遇計畫，簡言之就是只有 5% 的家暴案件會有處遇計畫。如果被害人未聲請保護令，則 80% 需要警察的訪查，以及訪視社工對加害人提供關懷訪視，社工可使用「立即影響法」及「善意溝通六問句」協助加害人改善與被害人的溝通與互動。

1. 立即影響法

　　此法是耶魯大學心理學教授（Pantalon, 2011/2012）所發展，提供醫師在門診時快速改善酒癮者之輔導法，可降低一半的繼續酗酒機率。目前美國的住院醫師皆需學習此方法，有六句問話依序如下：

問句一：（有無）請問你有哪些心煩的事希望改善？

問句二：（幾成）你對於改善這些有幾成希望？（若說 0，可問哪些部分還算有希望？）

問句三：（更低）請問為何沒有選擇更低的分數？如 0 或 1、2 ？

問句四：（正面）想像問題已經改善，會有什麼正面的結果？

問句五：（重要）對你來說，為什麼正面結果會很重要？

問句六：（下步）你的下一步會怎麼做？

　　此法認為猛勸個案改變是無效的，最強的動機應該是透過問話後，個案本身給自己的動力。以上的第二、三、四、五問句，都是透過問話而由個案給自己改變的理由，當問完第六句後，個案自然就會動起來，很類似現實治療法。

2. 善意溝通六問句

　　美國心理博士 Rosenberg 因幼年時被霸凌而發展非暴力溝通，之後受聯合國邀請到中東與非洲調停戰爭。他提出人與人之間的衝突皆因未顧及彼此的需要，若能顧及彼此需求，則人類就不會有衝突（Rosenberg, 2003/2009）。作者將此問話技巧稱為善意溝通六問句，可於 YouTube 搜

尋。此方法可用來輔導或調解衝突的雙方，也可鼓勵任一方自問自答。可在問完前述的立即影響法六句後，邀請個案：「那麼我們一起來找怎樣讓對方也能夠顧到你的溝通好嗎？」

問題一：跟誰有什麼不舒服？

問題二：自己的感受是什麼？

問題三：自己沒被顧到的需求是什麼？（如：生理、安全感、歸屬感、尊重、自由、樂趣）

問題四：對方的感受是什麼？

問題五：對方沒被顧到的需求是什麼？（如：生理、安全感、歸屬感、尊重、自由、樂趣）

問題六：可以如何圓融雙方的不舒服？

　　如果要調解雙方的衝突，可對某方先說前五句，再對另一方說前五句，最後再對雙方詢問第六句。

二、兒少虐待者的評估與處遇

　　受虐兒少的保護服務處遇可分為：(1) 家庭維繫方案：指兒少仍可安全生活於家中；(2) 家庭重整方案：指兒少有中度風險而須暫時住在親屬、寄養家庭或安置機構；(3) 永久安置方案：指兒少有中高風險而需由法官判決改定監護權（翁毓秀，1994）。社工依據個案所處情境的危險等級、家庭概況、支持系統等面向評估所採取的處遇模式。

　　2017 年起，國內開始使用兒少保護結構化決策模式（Structured Decision-Making Model, SDM），協助兒保社工人員在接獲通報後能於四小時內立即對受虐兒童、主要照顧者及家庭成員進行安全評估，以做出是否家外安置的決策，主要評估危險因素與保護能力、安全對策與安全評估結果，並提出安全計畫（劉淑瓊、陳意文，2011），此評估表可在衛生福利部網站下載。

（一）危險因素

對兒童造成嚴重的身體傷害、沒有滿足兒童基本需求、居住條件不佳、未提供適切保護、家中有成人家暴情形、兒童可能遭受性侵害、案家阻礙或逃避接受調查、無法對兒童的傷痕提出合理解釋、照顧者身心狀況不佳、照顧者有物質濫用、過去曾有虐待紀錄等。

（二）保護能力

兒童有能力參與安全維護行動，照顧者有意願主動參與安全計畫、願意與社政單位合作、願意承諾會滿足兒童需求、有能力利用資源提供安全措施、與兒童關係良好、有解決問題能力、有立即可得的社區服務與資源、能採取保護兒童的行動。

（三）安全對策與安全評估結果

兒童留在家中的對策，如：由社工提供服務、運用家庭或鄰里資源維護安全、運用社區服務維護安全、有照顧者可以適切保護兒童不受傷害、施虐者自願或強制離開住家、照顧者搬離至施虐者無法接近的住所、照顧者採取法律行動使兒童能留在家中。家外安置的對策，如：照顧者同意家外安置、其留在家中的安置對策無法保護兒童安全等。安全評估結果可分為安全、有計畫才安全、不安全等三種結果。

（四）安全計畫

擬定具體的安全保護計畫，提出不再置兒童於危險情境的處遇計畫，包括仍留在家中生活的安全計畫或家外安置。

經過評估結果，無論採取家庭維繫、重整或永久安置模式，均應依《兒童及少年福利與權益保障法》（2021）第 64 條提出家庭處遇計畫，包含家庭功能評估、兒少安全與安置評估、親職教育、心理輔導、精神治療、戒癮治療或其他與維護兒少或其他家庭正常功能有關之協助及福利服務方案。服務對象包括兒少本人、父母、監護人、實際照顧者或其他相關人。

案例 14-1

　　在工廠工作的阿德，家庭收入小康，常因太太花錢買衣服而生氣，曾發生兩次打太太事件。太太聲請保護令，並氣到堅決離婚要回北部娘家。阿德參加團體輔導時稱無法接受妻子提離婚，並告知治療師想喝農藥自殺。治療師告訴他，既然想死那麼必定什麼都不怕了，請他向團體成員說明一定要自殺的原因。團體成員給予同理，並討論利弊得失，鼓勵阿德是否先與太太分手，日後若想交往再找機會培養感情，最後阿德決定同意簽字離婚。後來，太太來電請他在離婚當日到火車站接她到戶政事務所辦離婚，阿德能夠心平氣和做到，且兩人互動中能有說有笑。

解析與訪視策略：

　　阿德想要自殺，屬於狹義邊緣型。透過團體成員同理阿德內心的不舒服及無法接受妻子離去的情緒，讓阿德獲得支持。在訪視策略方面，社工員可告知阿德能夠陪他一起出庭，提供法律諮詢或申請法律服務，讓他知道有社工協助，不必因孤單面對而情緒不穩。

案例 14-2

　　阿志開鐵工廠，太太小芬一起在工廠工作擔任會計。阿志每天跟員工一邊工作一邊喝酒，白天喝啤酒，晚上喝半瓶威士忌，每天晚上睡不著就亂罵全家大小。就讀國中的女兒被罵到受不了，小芬氣到通報家暴，也通報兒虐，法官裁定阿志要接受認知教育輔導及戒癮治療。在參加認知輔導及戒癮治療後，他承認晚上不喝酒就睡不著，治療師建議他去買 B 群與鈣鎂鋅，同意做到「早上吃 B 群、睡前鈣鎂鋅」。阿志照做並食用後，隔週來上課時，表示真的不用喝那麼多酒就可睡著。接受輔導後，能維持晚餐後喝一杯威士忌，酒精 40 度，約 40cc 純酒精，並練習「善意溝通」方法，夫妻與全家感情恢復，每月全家外出過夜旅遊一次。

解析與訪視策略：

　　阿志屬於只打家人型，已經酒精成癮。參加認知教育輔導後，夫妻感情恢復，社工員觀察其親職能力改善而結案。結束輔導前，治療師詢問阿志的酒癮改善中，營養與輔導各約占幾成功勞？他說營養占 70%，輔導占 30%。由阿志的經驗可知須對成癮者提供營養衛教，此乃因長期酗酒、藥癮會造成大腦與肝臟的損害，須補充營養才有機會改善，補充 B 群可保護神經與肝臟，補充鈣鎂鋅可改善脾氣、睡眠、憂鬱。

第十五章
性侵害者的類型

壹、性侵害者的定義

性侵害者的定義可分廣義與狹義（如圖 15-1），廣義的定義為：從事與性有關且違反他人意願之行為；狹義的定義為：以違反意願之方式所為強制性交或猥褻之行為。因此前者包含傳統的性騷擾，但不含《性騷擾防治法》、《性別平等教育法》與《性別平等工作法》中的性別歧視，而後者則限縮於《刑法》中的強制性侵害犯罪行為。

圖15-1
性侵害與性騷擾的定義與範圍

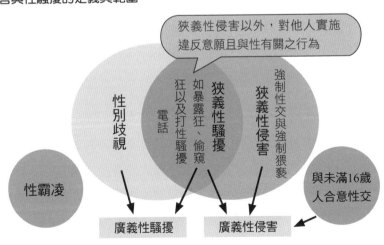

註：引自林明傑、林燕卿（2016）。

161

貳、性侵害者的分類學

性侵害者絕非一同質性的團體，其間是有異質性的，從人格特質、幼年發展史、兩性交往史、性犯罪手法等皆可發現其中之差異，甚至可加以分類，以有脈絡的方式了解其犯罪特質及精神病理，更可據此加以研究並予心理治療，至今已有許多犯罪學及心理學者之分類學說或研究出爐（黃富源，1982）。一般來說，在分類時會依被害人是否達青春期（約13、14 歲，DSM-5 界定為 13 歲）將性侵害者分為兩大群，成人性侵害者（rapist）及兒童性侵害者（child molester)。

一、成人性侵害者的臨床診斷

成人性侵害者雖非美國精神疾病診斷準則（DSM）之正式病名，但在 DSM 的其他臨床上應注意之情況（Other Conditions That May Be a Focus of Clinical Attention，即 V 碼章）章中有該命名，即成年人之性虐待（Sexual abuse of adult, V65.49 受害人，加害人則為 V62.83）一項，可見其為臨床上應加以注意之行為。

Groth（1979）從評估與治療 3,000 位性侵害加害人的臨床經驗中，發現性侵害呈現三個因素：權力、憤怒與性（power, anger, and sexuality），並指出其中「性」的因素最不重要，他提醒「性」是絕大多數人都需要的，其他兩個才是性侵害的重點。Groth 與 Burgess（1977）則是以權力與憤怒等兩軸分類，將其分為兩大類型（四小類）。

（一）權力型性侵害者（power rapist）

權力型性侵害者透過武器、強制力、威脅將傷害對方的身體來恐嚇、控制被害人，以滿足其權力感。他們對被害人的身體攻擊只是用來控制並制伏被害人，以達到征服被害人的一種目的。這類型加害人的人際溝通能力差、在性與非性方面經常有不夠格感（inadequency），由於他們缺乏表達情緒的管道，性成為其自我意像及自尊的核心議題，而性侵害就成為他們確認自己在性方面的夠格感與認同感，顯示出自己是有力量且有能力

的一種方法（林明傑，2018）。他們的犯行經常是預謀的，也帶有強迫的幻想，幻想著被害人最初雖會抵抗，但最後仍會感謝並欣賞自己。此又細分為兩個類型：

1. 權力再肯定型（power reassurance）

以性侵犯來減輕內在的性不夠格感（sexual inadequency），亦即確認自己的性能力感，且從被害人身上尋求並證明自己具有男性氣概。

2. 權力斷言型（power assertiveness）

以性侵犯來表現自己擁有力量、控制及支配，並認為自己有權利要求被害人的性，藉由性的操控來要求被害人乖乖聽話。此類型與權力再肯定型的差別在於，此型在侵害行為上有較多攻擊性，而在人格上也有較多反社會性。

此外，許多因住宅竊盜而犯性侵害者應可歸為權力型，因其對物件所有權的不尊重，含括了對女性之性自主權的不尊重；而約會強暴亦多可歸此類，至於應歸哪一細分類，則可依其攻擊性及反社會性決定。例如：倘若女友另交男伴而性侵害女友，應屬權力型，因其多有預謀；但若突然撞見女友另交男友，此為無預謀，只因當場氣憤而押走女友性侵害並殺害女友，則較傾向憤怒報復型。

（二）憤怒型性侵害者（anger rapist）

憤怒型的性侵犯經常伴隨不必要的暴力與貶抑，以及使被害人受屈辱的性行為，他們的性侵犯行為是為了發洩怒氣，而性就成為表達憤怒的武器。他們對女性表現甚多的憤怒與敵意，常會針對某一群有重要特徵的女性施暴，並在突發的情形下發生衝突，藉以轉換其內在的憤怒。基本上，被害人包括所有年齡層的女性，但多是年齡較長的女性。此又細分為兩類型：

1. 憤怒報復型（anger retaliation）

常會想要去傷害、貶抑並羞辱被害人，以突發式的滿足暴力為重要指標。他們認為性侵犯是懲罰、羞辱女性的好方法，也是發洩心理挫折的一

種出口。

2. 憤怒興奮型（anger excitement）

通常會造成被害人的嚴重身體傷害，甚至是死亡。他們會以色情化的儀式行為來折磨被害人，並在被害人痛苦掙扎時感受到漸增的性慾。在某些案例中，當加害人的性喚起時，通常也是其行為更暴力、甚至會謀殺被害人的時候。而被害人的特質常會是其想要羞辱或毀滅的象徵。

這兩類型的差別主要在於憤怒興奮型的身體傷害（非性）犯行中有興奮之快感，而憤怒報復型則明顯在於發洩怒氣。茲將 Groth 的分類與國內許春金與馬傳鎮（1992）的研究結果加以對照（表 15-1），並提供這兩型的關係圖（圖 15-2），可更清楚性侵害者的類型脈絡。

表15-1
成人性侵害者類型（權力與憤怒兩軸）

類型	Groth 與 Burgess（1977）	Groth（1979）	許春金與馬傳鎮（1992）
權力型	權力再肯定型（37.5%）	權力型（55%）	權力型（61.7%）
	權力斷言型（16.5%）		
憤怒型	憤怒報復型（40%）	憤怒型（40%）	憤怒型（35.2%）
	憤怒興奮型（6%）	虐待狂型（5%）	虐待狂型（3.1%）

註：引自林明傑（1999，頁 318）。

圖15-2
權力型與憤怒型性侵害者之直角軸關係

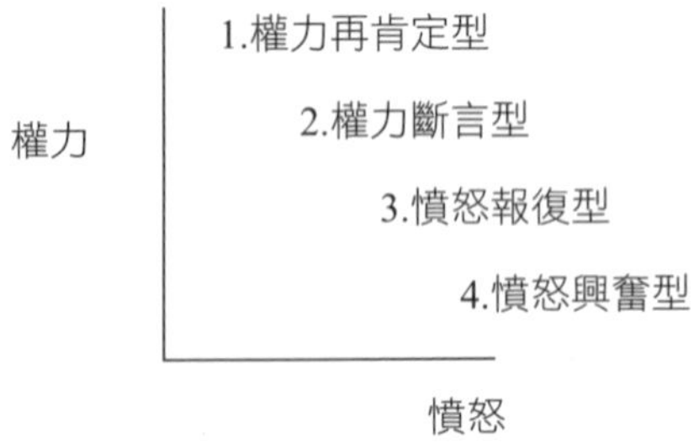

權力
　　　1.權力再肯定型
　　　　2.權力斷言型
　　　　　3.憤怒報復型
　　　　　　4.憤怒興奮型

憤怒

註：1. 作者繪製。
　　2. 從該直角軸關係圖可看出四型性侵害者之權力與憤怒成分並非絕對，而是相對，尤其以第 2 類與第 3 類較難分辨，只是在兩軸之程度上稍有差異。

案例 15-1

　　阿昌為 40 歲男性，曾有暴力討債前科，在 20 歲時與幫派友人結夥性侵搶劫判無期徒刑，目前假釋中。假釋的十年期間有觀護人之保護管束，現擔任工廠工人，並常找過去幫派友人聊天。假釋初期，阿昌與父母同住，因與父親常有衝突而搬到同村自宅獨居，沒有交往對象，假日會到釣蝦場休閒。

解析與訪視策略：

　　阿昌因為有暴力前科且有性侵害紀錄，評估其傾向為權力斷言型。社工在訪視時須留意其有低自信情形，且常被父親狂罵，可在建立關係後定期訪視，討論其有幾成之自信？過去有哪些不舒服經驗？經處理後，還有幾成不舒服？再以情緒釋放療法改善之，並鼓勵他找到正面休閒以避開與昔日幫派友人的來往。

案例 15-2

　　32 歲的阿倫曾性侵害三名女高中生，假釋期間佩戴電子腳鐐。向監獄治療師抱怨受時間管理而無法補習，治療師致電地檢署請求調整較晚的返家時間。但在獲得同意後，阿倫又藉機再度犯案，以拍攝畢業作品為由性侵犯兩名女大學生。請問阿倫屬哪種性侵害者？（可搜尋丁○倫之報導，並使用表 15-5 台灣性罪犯靜態再犯危險評估量表計算其再犯率）

解析與訪視策略：

　　由於阿倫只有性侵害，並未使用過度暴力，且沒有其他暴力前科，故屬於權力再肯定型。如果有暴力前科，可疑為權力斷言型。社工的訪視須留意其有低自信且好操弄的特質，可建立關係後與他討論自信程度：過去有哪些不舒服經驗？各有幾成不舒服？再以情緒釋放療法改善。

二、兒童性侵害者的類型

　　Groth 以性侵害者的主要性偏好（primary sexual preference）對象是否為兒童區分之，如果不是則為退縮型，如果是則為固著型。其認為亂倫者亦可依以下分類，整理如表 15-2。

表15-2
Groth 之兒童性侵害者類型

特徵	退縮型	固著型
受害對象	成人，但遭受壓力時則轉至兒童。以女性為主。	兒童，對兒童的興趣持續。以男性為主。
與被害人關係	侵犯同輩及兒童，視兒童為成人的替代品。	以侵犯兒童為主，認同被害人，在被害人面前表現出父母的角色行為。
犯行計畫性	偶發的，隨壓力而改變，與個人長期的壓力有關；侵犯行為開始於成年期。	強迫性且有預謀，與個人的壓力無關；侵犯行為開始於青春期。
前科紀錄	通常有酗酒或吸毒。	無前科，無酗酒或吸毒。
婚姻狀態	通常已婚。	單身或以婚姻作為掩護。
性傾向	對同齡的異性感興趣，且會產生幻想。	對同齡異性不感興趣，僅對兒童或青少年感興趣，且對他們有性幻想。
兩性關係	較孤僻、害羞、無法發展親密穩定的兩性關係，而轉向兒童發展及滿足其親密需求。	對正常的兩性關係沒有興趣，只冀望兒童及青少年滿足其親密需求。
人際關係	生活規律、人際關係不佳。	同儕關係不佳。
創傷經驗	無法因應生活壓力而以性侵害來面對。	幼年曾遭受過創傷事件、性虐待。
發展階段	依循發展階段正常發展。	發展停滯在兒童、青少年時期。

註：整理自林明傑（2018，頁 266）。

（一）退縮型（regressed type）

在其一生中曾與適當之同輩有過性關係，然因為某些情境的壓力，如長期失業、身體傷殘或遭成年婦女之貶抑（尤其是性方面的嘲笑），使他們漸失身為男人的信心，於是轉移性的滿足到較不具威脅性的未成年兒童身上（因為只有兒童才不會知道其性能力如何），約占 51%。作者根據實務經驗判斷退縮型在台灣約占全部兒童性侵者的 95%。

案例 15-3

40 歲的阿文曾在國小附近犯下 15 起侵害年約 10 歲女童案件，被判刑十年。服刑期間妻兒均未曾來訪，細問之下告知，其妻已於入獄前一年帶兒女離家出走，之後搬回父母家，在紙箱工廠工作。經詢問有無可談心之朋友或同事，阿文稱常被老闆及同事罵笨；再細問與妻在性行為之後，妻子給他的感受是如何時，阿文低頭半晌後流淚並罵出三字經。經再細問，指出妻常笑其在性方面不行，而且很笨。經問其國小成績之排名，稱在 40 人中最後一名，智力測驗 73，表示曾服役。請問阿文屬哪種性侵者？

解析與訪視策略：

阿文被妻子嘲笑性能力屬於退縮型戀童症。因阿文為邊緣智能，社交能力與工作能力稍弱，而且已經沒有伴侶，社工要鼓勵他找到自己的優點後，帶他練習對眼說自信法（與社工有眼神接觸並對自己說有自信）增加自信心，鼓勵他穩定工作且不可再有負面行為，如每天飲酒不超過 30cc 純酒精；在性滿足方面，則鼓勵他使用自慰方式。

（二）固著型（fixated type，或譯停滯型）

終其一生只能被兒童（也可能是男童）所吸引，且無法在發展中獲得性心理的成熟。經研究發現，此可能與幼年受虐甚至性創傷有關，造成其無法發展與成人之信任關係，轉而與兒童親近，並以性為表達其關懷的方法之一。臨床經驗顯示此型的加害對象有可能固定在某一年齡男童，原因可能是其首次受虐年齡即是此年齡，因此性心理成長固著在該年齡而停滯不前。此類型在美國約占 49%，台灣約占 5%。

DSM-5 在性偏好症的戀童症也採用 Groth 的看法，而對戀童症（pedophilic disorder, 302.2）的診斷標準分排他型（exclusive type）——主要之性偏好對象只為兒童；及非排他型（nonexclusive type）——其性偏好不只兒童，還包括成年人（American Psychiatric Association, 2013/2014）。循此可知前者即固著型，後者為退縮型，DSM 亦提出應註明個案係以男童或女童為對象，或兩者皆有。

案例 15-4

30 歲的大智曾性侵害十名男童，在入獄服刑十年後獲得假釋。除前半年有觀護人的保護管束，之後只剩每月一次兩小時的社區治療，及衛生局社工人員每月一次的追蹤訪視。大智以打零工維生，但出獄一年後又在網咖認識並性侵害兩位國小男童。大智屬於哪一類型的性侵犯？（可上網搜尋歐陽○智新聞報導，用表 15-5 計算其再犯率）。

解析與訪視策略：

因大智有幼年的性創傷，故屬於固著型戀童症，經診斷有亞斯伯格症，須留意其社會思考僵化。社工除了帶他做眼神接觸的對眼說自信及情緒釋放療法外，亦需增加「早上吃 B 群、睡前鈣鎂鋅」的營養衛教，並嚴格檢查其網路使用情形，是否有社交平台及非合意的色情影片。若有，則要建議他選擇看主角雙方合意的色情影片。若仍有高危險傾向，則必須合作監控網絡體系，避免其再犯。

參、再犯評估

一、靜態因素九九評估表

　　靜態因素九九評估表（Static-99）共有 10 題，是對性侵者再犯性的可能性預測，效度提升到 $r = .31$, ROC $= .71$，於 1999 年 9 月公布，如表 15-3。此為目前美國、加拿大最常使用之量表，評估及計分方式如表 15-4。

二、台灣性罪犯靜態再犯危險評估量表

　　林明傑與董子毅（2005）所發展之量表，以 1995 至 1996 年假釋出獄的男性性侵犯之司法資料共 490 人為樣本，追蹤至 2003 年，平均追蹤期為 7.5 年，蒐集出獄後是否再犯性侵害犯罪之紀錄，總計有以下八項，皆屬於高預測準度。本量表之使用無版權問題，可於網址：https://www.publicsafety.gc.ca/cnt/rsrcs/pblctns/sttc-2016/index-en.aspx 下載取得（如表 15-5），在使用前須詳細閱讀量表操作手冊。說明本量表之「分數、危險分級及再犯率轉換表」如表 15-6。

三、性罪犯需求評估量表

　　「性罪犯需求評估量表」（Sex Offender Need Assessment Rating, SONAR），是由加拿大法務部資深研究員 Hanson 與 Harris（1998）所發展。本量表為動態量表，是測量與再犯有顯著關係的最近對過去犯行與未來犯行的言行態度、對治療與監督的配合度，以及工作、休閒、家庭、物質濫用等現況。分穩定危險因素與急性危險因素（可於 https://deptcrm.ccu.edu.tw/p/404-1133-23527.php?Lang=zh-tw 下載取得使用）。穩定危險因素是指測量過去三個月（每三個月評估一次），急性危險因素是指測量過去一個月（每個月評估一次），本量表平均追蹤兩年之預測效度為 $r = .43$；ROC $= .74$。

表15-3

靜態因素九九評估表（Static-99）

姓名：_____　評估者：_____　　年　　月　　日

1. 以前性犯罪次數（須排除最近一次性侵害案，不包含其他犯行；若判刑確定與起訴分屬不同分數，則以高分為準）。[　　]
   ・沒被起訴過；也沒被判刑確定　0（註：加拿大是一罪一罰）
   ・1-2 次被起訴；1 次判刑確定　1
   ・3-5 次被起訴；2-3 次判刑確定　2
   ・6 次（或以上）被起訴；4 次（或以上）判刑確定　3

2. 以前所被判刑確定之任何犯罪行為之次數。[　　]
   ・3 個或以下　0
   ・4 個或以上　1

3. 是否曾有「未身體接觸之性犯罪」（如暴露狂、戀物癖、打猥褻電話、窺淫狂、持有色情出版品。注意：不含自我承認之次數）而被判刑確定者？[　　]
   ・沒有　0
   ・有　1

4. 性犯行中是否曾有「非性之暴力行為」（如謀殺、傷害、搶劫、縱火、恐嚇、持刀槍威脅等）？[　　]
   ・沒有　0
   ・有　1

5. 以前是否曾有「非性之暴力行為」？[　　]
   ・沒有　0
   ・有　1

6. 性侵害受害者中是否曾有非近親者（近親指一般法律上禁止結婚之四親等及以內之近親關係）？[　　]
   ・沒有　0
   ・有　1

7. 性侵害受害者中是否曾有陌生人（不認識或認識未超過 24 小時之被害人即屬陌生人）？[　　]
   ・沒有　0
   ・有　1

8. 性侵害受害者中是否曾有男性？[　　]
   ・沒有　0
   ・有　1

9. 所預測的年齡是否低於 25 歲？[　　]
   ・不是　0
   ・是　1

10. 曾否與所愛過之人同居超過 2 年以上？[　　]
    ・沒有　1
    ・有　0

總分 {　　　　}

註：林明傑翻譯自 https://www.publicsafety.gc.ca/cnt/rsrcs/pblctns/sttc-2016/index-en.aspx

表15-4
靜態因素九九評估表（Static-99）再犯評估危險各得分群之再犯率

危險等級		再犯性犯罪			再犯其他之暴力犯罪		
		5 年	10 年	15 年	5 年	10 年	15 年
0 分	低危險	.05	.11	.13	.06	.12	.15
1 分		.06	.07	.07	.11	.17	.18
2 分	中低危險	.09	.13	.16	.17	.25	.30
3 分		.12	.14	.19	.22	.27	.34
4 分	中高危險	.26	.31	.36	.36	.44	.52
5 分		.33	.38	.40	.42	.48	.52
6 分（及以上）	高危險	.39	.45	.52	.44	.51	.59
平均 3.2 分		.18	.22	.26	.25	.32	.37

說明：1. 本評估表之評分與性侵者之再犯率的相關係數為 .33。本表之性侵者再犯基線設定
為 5 年 18%，10 年 22% 及 15 年 26%。

2. 本表無版權問題，評分細節及研究說明請自於網站下載。https://www.publicsafety.
gc.ca/cnt/rsrcs/pblctns/sttc-2016/index-en.aspx

表15-5

台灣性罪犯靜態再犯危險評估量表

個案姓名：＿＿＿＿＿＿＿　　評估者姓名：＿＿＿＿＿＿＿
評估地點：□監所　□社區　　評估日期：＿＿＿年＿＿＿月＿＿＿日
受害者類型：□成人　□13~16歲（□家內　□家外）　□13歲以下（□家內　□家外）

- 填寫及計分方法：就個案在以下八題中所符合之項目框號內打勾，並依照該框號右邊之數字計分，將三追蹤期之三總分填寫於最下一列，並將三總分重複寫於表15-6「分數、危險分級及再犯率轉換表」之最上第二列。最後依據該總分在各追蹤期之再犯危險分級打勾，即可依據該表得知其平均再犯率。

評量的題項	時間	一年（12個月）	三年（36個月）	七年（84個月）
	累積平均性侵害再犯率	2.1%	5.0%	11.3%
1. 性犯行遭「起訴」加上「判刑確定」的次數（含該次）見註4須回推連續犯舊制	二次	[　]0	[　]0	[　]-1
	三至五次	[　]+1	[　]+2	[　]+3
	六次以上	[　]0	[　]+6	[　]+6
2. 過去被「判刑確定」之任何犯行次數（不含該次）	三次以下		[　]0	[　]0
	四次以上		[　]+2	[　]+2
3. 在保護管束中又犯下性犯行	從未	[　]0		
	曾經有過	[　]+2		
4. 該次性犯行中的「非性暴力行為」	從未		[　]-1	[　]-2
	曾經有過		[　]0	[　]+1
5. 該次性犯行被害者有13至15歲少女，且小加害人5歲以上	從未		[　]0	
	曾經有過		[　]+1	
6. 該次性犯行被害者之性別	只有女性	[　]0	[　]0	[　]0
	包含男性	[　]+2	[　]+4	[　]+5
7. 該次性犯行的被害者人數	一人	[　]0	[　]0	[　]0
	兩人以上	[　]+1	[　]+2	[　]+2
8. 預估出獄時的年齡	未滿25歲			[　]+1
	25至40歲			[　]0
	超過40歲			[　]-1
總分				

註：引自 https://www.publicsafety.gc.ca/cnt/rsrcs/pblctns/sttc-2016/index-en.aspx

表15-6
台灣性罪犯靜態再犯危險評估量表之「分數、危險分級及再犯率轉換表」

時間		一年 （12 個月）		三年 （36 個月）		七年 （84 個月）	
該案主之總分							
量表總分數之全距		0～6		−1～15		−4～17	
再犯危險分級 與平均再犯率	低危險	[ ] 0～1	0.8%	[ ] −1～3	3.3%	[ ] −4～0	5.5%
	中危險	[ ] 2～4	15.4%	[ ] 4～6	20.0%	[ ] 1～6	25.5%
	高危險	[ ] 5～6	0%	[ ] 7～15	40%	[ ] 7～17	41.7%
發展樣本	原始分數之 預測準確度 相關 r	.238		.328		.312	
	ROC	.767		.811		.752	
	切分分二級後之 ROC[低－中高] ROC	.793		.665		.704	
	敏感度 （sensitivity）	66.6%		38.1%		65.9%	
	特異度 （specificity）	92.0%		94.5%		73.1%	
外部樣本	原始分數之 預測準確度 相關 r			.232		不顯著	
	ROC			.763		.693	

說明：1. 研究樣本為民國 83 至 85 年出獄之性侵犯，外部樣本為民國 86 至 88 年出獄之性
　　　　罪犯。外部樣本並未做一年之再犯率追蹤。
　　　2. 敏感度，可稱正猜對率，即在再犯之一群中猜中其會再犯之比率；特異度，可稱
　　　　負猜對率，即在不再犯之一群中猜中其不再犯之比率。
　　　3. 本量表定義之「性侵害再犯」，含觸犯民國 88 年以前的刑法第 221 條至 234 條（包
　　　　括強姦罪及準強姦罪、共同輪姦罪、強姦殺人罪、姦淫幼女罪、利用權勢姦淫猥
　　　　褻罪等），或是觸犯民國 88 年以後所修訂之〈妨害性自主罪章〉的第 221 條〈強
　　　　制性交罪〉至第 229 條〈詐術性交罪〉等罪名，被起訴者，即視為有再犯性侵害
　　　　犯罪。
　　　4. 適用之評估對象不包括：(1) 因性侵害案件而獲判緩刑者。(2) 兩小無猜型：性侵
　　　　害案件雙方皆未成年（小於 16 歲），且加害人對被害者之性行為是合意性行為。

註：引自 https://www.publicsafety.gc.ca/cnt/rsrcs/pblctns/sttc-2016/index-en.aspx

四、少年性侵者再犯危險評估量表

「少年性侵者再犯危險評估量表」（Juvenile Sex Offender Assessment Protocol-II, J-SOAP II）為林明傑與黃冠豪（2017）以 J-SOAP II 評估國內一所少年監獄與三所法院少年保護管束者，作為建立常模之樣本的研究。

J-SOAP II 總計 28 題，每題各評 0、1、2 分，全距為 0 到 56 分，分屬四個分量表，前兩個屬靜態因素，各為性驅力及衝動與反社會性，後兩個屬於動態因素，各為處遇及社區適應。研究結果以監獄組及保護管束組各建立常模，在全部量表、靜態量表與動態量表之平均數與標準差方面，監獄組為各為 20.28（7.04）、11.68（4.41）、8.45（4.83），保護管束組為 15.75（7.92）、7.73（3.95）、8.49（5.10）。

以病態人格（心理病理人格）量表之少年版作為 J-SOAP II 效標，PCL-YV 總分、因素一（人際情感）及因素二（行為與反社會）各與 J-SOAP 總分之相關係數 r 分別為 .76、.67、.66，均達顯著。發現因素一與動態因素較相關，而因素二與靜態因素較相關。建議以少年分數減平均值再除以標準差所得之標準分數 Z 值在 0 及以下（占所有個案 50%）為低危險，在 0～1（占所有個案 34%）為中危險，在 1 及以上（占所有個案 16%）為高危險（表 15-7）。

表15-7
少年性侵者危險評估量表（第二版）

少年姓名：_____　評估日期：_____　評估者姓名：_____　單位：_____

A. 靜態因素			
I. 性驅力分量表【以查詢歷史資料為主，訪談為輔】			
1. 性犯行之起訴次數	0 [從未]	1 [一次]	2 [2 次及以上]
2. 性侵害被害人之人數	0 [1 名]	1 [2 名]	2 [3 名及以上]
3. 曾有男性之性侵害被害人	0 [從未]	1 [1 名]	2 [2 名及以上]
4. 性侵害犯罪之前後期間	0 [只有一次]	1 [6 個月內]	2 [6 個月以上]
5. 犯案前構想多久	0 [毫無計畫 / 突發]	1 [稍微計畫]	2 [精細計畫]
6. 性化之攻擊（詳見附件之手冊）	0 [毫無]	1 [咒罵 / 推擠]	2 [猛擊 / 踢 / 刺]
7. 性驅力及腦中充滿性事（問一週手淫 / 看色情片或網頁幾次）	0 [1-2 次]	1 [3-5 次]	2 [6 次及以上]
8. 性受害史	0 [無]	1 [有，但無受傷]	2 [有，但有受傷]
分量表總分之 Z 標準分數 監獄 [（　）–3.65] / 2.11 = [　]　　社區 [（　）–2.72] / 1.68 = [　] 低中高			
II. 衝動與反社會行為分量表【詢問案主再犯行前之前 6 個月以前之情形】			
9. 照顧者之變更程度	0 [與父母同住至今或至 10 歲]	1 [照顧者變更1-2 次]	2 [10 歲前變更 3 次及以上]
10. 廣泛之憤怒對多人、多事或多物常感憤怒	0 [無]	1 [輕度]	2 [中 - 高度]

表15-7
少年性侵者危險評估量表（第二版）（續）

11. 在學校之行為問題	0 [無]	1 [輕度]	2 [中 - 高度]
12. 品行疾患之歷史（10 歲以前）依 DSM-5 行為規範障礙症 15 個準則中至少 3 個（詳見本表最末的「註」）	0 [無]	1 [輕度，符合其中 1-2 個標準]	2 [中 - 高度，符合 3 標準]
13. 少年反社會行為（10 至 17 歲間）共 6 行為（詳見本表最末的「註」）	0 [無 / 很少或 1 件]	1 [中度，符合其中 2-3 個標準]	2 [高度，符合 4 標準]
14. 16 歲前曾被起訴或逮捕	0 [無]	1 [1 次]	2 [超過 1 次]
15. 犯行的多樣化	0 [單一類別]	1 [二種類別]	2 [三種及以上類別]
16. 在家曾受身體虐待或 / 與曾目睹家庭暴力	0 [無 / 不知道]	1 [有 / 輕度，不必就醫]	2 [中 - 高度 / 需就醫]

分量表總分之 Z 標準分數
監獄 [(　) –7.95] ／ 3.34 = [　]　　社區 [(　) –4.68] ／ 3.13 = [　] 低中高
靜態（I 及 II）總分 Z 標準分數
監獄 [(　) –11.68] ／ 4.41 = [　]　　社區 [(　) –7.33] ／ 3.95 = [　] 低中高

B. 動態因素

III. 處遇分量表【詢問案主目前之情形】

17. 接受犯行之責任	0 [完全接受]	1 [部分接受]	2 [完全不接受 / 全否認]
18. 有內在動機接受改變	0 [因犯行不安且想改變]	1 [部分有想改變]	2 [不覺需要改變]
19. 了解危險因子與應用危險管理方法	0 [有且很清楚]	1 [有但部分清楚]	2 [不清楚 / 有高危思考]

表15-7
少年性侵者危險評估量表（第二版）（續）

20.同理心（指對被害人）	0 [有]	1 [部分有]	2 [沒有]
21.有感覺後悔及罪疚感	0 [有]	1 [部分有]	2 [沒有]
22.認知扭曲	0 [沒有]	1 [偶有]	2 [經常有]
23.同輩關係之品質（指與性行良好之同輩）	0 [少孤獨 / 多良友]	1 [良友與惡友均有]	2 [孤獨 / 或只有惡友]
分量表總分之 Z 標準分數 監獄 [（ ）–5.38] ／ 3.59 ＝ [ ]　　社區 [（ ）–2.72] ／ 3.34 ＝ [ ] 低中高			
IV. 社區穩定及適應分量表【詢問案主在過去 6 個月之情形，若案主在監禁中則不用】			
24.對性驅力及性慾望之管理 [一週內幾次手淫或上色情網站]	0 [1 週各 1 次內]	1 [1 週各 2 次]	2 [1 週各 3 次及以上]
25.對憤怒之管理	0 [1 週內均無]	1 [1 週內 4 次及以內]	2 [1 週內 5 次及以上]
26.現在生活狀況的穩定度	0 [穩定]	1 [不太穩定]	2 [很不穩定]
27.在校表現之穩定度	0 [穩定]	1 [不太穩定]	2 [很不穩定]
28.有無正面之支持系統 [有正面之好親友 / 監督人]	0 [3 人及以上]	1 [1-2 人]	2 [沒有]
分量表總分之 Z 標準分數 監獄 [（ ）–2.77] ／ 2.16 ＝ [ ]　　社區 [（ ）–3.22] ／ 2.20 ＝ [ ] 低中高			
動態（III 及 IV）總分 Z 標準分數 監獄 [（ ）–8.45] ／ 4.83 ＝ [ ]　　社區 [（ ）–8.49] ／ 5.12 ＝ [ ] 低中高			
全分量表總分之 Z 標準分數 監獄 [（ ）–20.28] ／ 7.04 ＝ [ ]　　社區 [（ ）–15.75] ／ 7.92 ＝ [ ] 低中高			

註：1. 各題之計分請見網頁 https://deptcrm.ccu.edu.tw/p/404-1133-23527.php?Lang=zh-tw。本量表仍未有切分點及對照常模。本量表原文詳見 Prentky, R., & Righthand, S. (2003). Juvenile Sex Offender Assessment Protocol-II (J-SOAP-II) Manual.

2. 本表所附之平均數與標準差來自 38 位明陽中學（少年監獄）之全部性侵者與 37 位三地方法院保護管束之全部性侵者。計分評估依監獄與社區樣本評估。

3. 各項之低中高三個危險分級各如下：0 個標準差及以下（占所有個案 50%）為低危險、0-1 個標準差（占所有個案 34%）為中危險、1 個標準差以上（占所有個案 16%）為高危險。
4. 個案之低中高危險分級評等，依據前各項之評分與案主之觀察而定。個案屬於低、中、高再犯危險，擇一打勾。
5. 第 12 題行為規範障礙症（品行疾患），請在選項上打勾：(1) 反覆無法遵守規範；(2) 侵犯他人的基本權利；(3) 在學校、家裡或社區的破壞和攻擊行為。
6. 第 13 題反社會，請在選項上打勾：(1) 惡意破壞和傷害財產；(2) 惡意的惡作劇、行為不檢，神思恍惚、習慣性逃學；(4) 擁有或攜帶的武器（並非為了體育和狩獵目的）；(5) 偷竊、搶劫、竊盜；(6) 與汽車相關的魯莽駕駛、危害駕駛、受酒精或物質影響下的駕駛。評分此項目並不僅侷限於法律起訴的犯行。可考量所有可信和可靠的證據，自陳報告和文件紀錄。

● 肆、處遇及輔導治療

一、性侵害者的社區監督

　　美國性侵者治療的模範州——佛蒙特州（Vermont）的性侵害處遇方案提出「性侵害者社區監督鑽石圖」（supervision diamond）（Cumming & McGrath, 2000）如圖 15-3，認為對性侵害者的社區監督有如菱形鑽石之四個角且缺一不可，此四個元素為觀護人的社區監督、社區的輔導治療師、個案的支持網路（如家人、好友、職場老闆或正接受輔導中的其他成員），以及定期的測謊。原本定期測謊在最右邊，作者調整至上方，因社區之預防測謊屬於觀護人之職權，另每半年向警察局登記報到及勤區警察每週或每月之查訪均屬警察職權，列於最右邊。

圖15-3
性侵害者社區監督鑽石圖

註：修改自 Cumming & McGrath (2000)。

二、現行的處遇措施

（一）監獄輔導治療

　　依據《監獄行刑法》（2020）第 115 條第 3 項規定加害人強制身心治療或輔導教育之處理程序、評估機制等事項之《妨害性自主罪與妨害風化罪受刑人強制身心治療及輔導教育實施辦法》第 8 條規定：執行治療之機關應成立篩選評估小組、治療評估小組及輔導評估小組，以評估治療成效及輔導成效。通常暴力性侵害者採小班的團體心理治療，合意幼年性侵害者採大班制的團體教育課程。

（二）社區輔導治療

　　《性侵害犯罪防治法》（2023）第 31 條規定，經釋放之性侵者需在社區執行三加一年的輔導治療，此區分第一階段治療與第二階段治療，前者為三個月的團體課程，以評估為主，而單次合意性侵害者多可在此階段結束治療。其他（如暴力性侵者）則須進入第二階段，須學會預防再犯技巧，每半年評估是否繼續治療，此由縣市衛生局負責。社區治療多以團體治療為主、個別治療為輔。社區輔導治療流程如圖 15-4，可於衛生福利部網頁查詢。

（三）社區監督

1. 地檢署之觀護監督

　　依據法務部規定每三個月在各地檢署召開「性侵害加害人社區監督輔導小組會議」，邀集輔導治療人員、社工員、警察、觀護人等，將高再犯危險個案納入會議，討論如何加強監督以預防再犯。此外，亦可依據《性侵害犯罪防治法》（2023）第 34 條對其實施電子監控、尿液採驗、宵禁（此應特定時間禁止出門，但目前執行只限制夜間出入，導致仍有案件發生）、定期測謊、限制禁止其接近特定場所或對象等。

圖15-4

性侵害者社區輔導治療流程

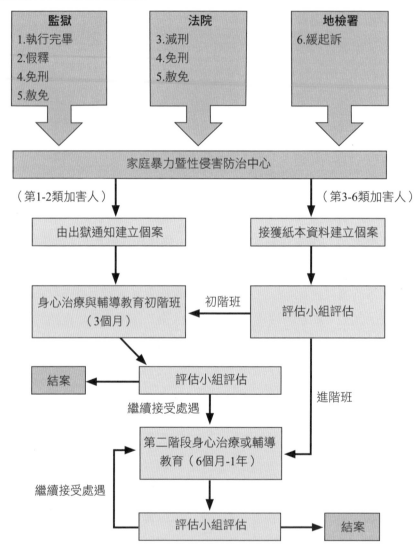

註：引自衛生福利部保護資訊系統，僅社工、治療、警察等相關人員才能進入查詢。

2. 警察之監督

　　美國、加拿大警察之監督性罪犯法案稱為《梅根法案》（Megan's Law），是指警察須將釋放到社區之性侵者的個人地址與犯行公告到社區，也要求性侵者定期到警察局報到並更新個人工作與車籍等資料（林明傑等人，2003）。我國《性侵害犯罪防治法》（2023）第 41 條規定只有登記並無公告，性侵害加害人應定期向警察機關辦理身分、就學、工作、車籍之異動或其他相關資料之登記、報到，其登記、報到期間為七年。

（四）高危險性侵害者之強制治療

　　對於高再犯危險的性侵害加害人，各先進國家均想在權衡潛在被害人的人權與性侵害加害人的人權之間，思考解決之道。我國 2005 年《刑法》修訂中規定高危險性侵害加害人之刑後強制治療，即是引入美國《高危險性罪犯法案》（Sexually Violent Predator Act, SVPA），對於監獄或社區中之性侵害加害人經評估治療無效，而仍有再犯危險者提供刑後強制治療（civil commitment），其期間至再犯危險顯著降低為止（林明傑等人，2003）。此強制治療至 2010 年約有 20 州已採用，並已於 1997 年通過聯邦最高法院之檢視判定其為合憲（Kansas v. Hendricks, 521 U.S. 346）。

三、輔導及治療

　　國內的性侵者輔導治療是由合格的輔導治療師執行，其資格與訓練標準詳見《性侵害犯罪加害人身心治療及輔導教育處遇人員訓練課程基準》（2018）。美加自 1994 年起在認知行為治療增加復發預防療法（Relapse Prevention, RP），RP 方案原是酒癮治療方案中發現個案在治療結束後復發，因而發展出一套鼓勵個案自我檢視復發循環並自我改善的方案。該方案仍以「認知行為療法」為基本原理，治療重點放在如何幫助犯罪者認出及修正自己的認知感受行為鏈，也就是每個人有認知行為鏈，即「情況→想法→情緒→行為」四因素，鼓勵個案認出自己的認知行為四因素，加以認出並截斷。以「內在增加自我管理」及「外在引進社會監督」之方法，

有效阻斷自己潛在之「再犯循環」（relapse cycle），藉以防止復發再犯（Pithers & Cumming, 1995）。

　　針對 RP 的修正，紐西蘭學者 Tony Ward 提出好生活模式（Good Life Mode, GLM），主張引入正向心理學的要素，如尋找生命目標及結合自己的優點等。林明傑（2018）亦認為 RP 多只要求個案自我批判並鼓勵認出及避開高危險情況與想法，但沒有先培力個案使其增加自我效能，恐無法確實改善。因此，建議找出優點以增加自信，並減少昔日不舒服的情緒經驗，這兩項均極為關鍵（林明傑等人，2016）。

　　社工員在訪視個案時，可就其前案的高危險特質詢問近況，如前案是被同居女友貶抑責罵而性侵，可詢問近日的交往關係如何、要怎樣用正面想法來因應等。社工員對於個案的有心改變及小進步可給予口頭鼓勵，若發現有再犯危險情形，則應迅速與治療師或警局承辦監督之警政人員聯絡。

第十六章
暴力被害人的精神障礙

壹、概述

　　以往的實務及研究發現，遭遇暴力的被害人經常呈現受暴後的身心症狀，尤其是遭受暴力的兒童及青少年、受到親密關係與性別暴力的被害人。常見的受暴症候為斯德哥爾摩症候群（Stockholm syndrome）、受暴婦女症候群（battered woman syndrome）、受虐兒童症候群（battered child syndrome）、受暴父母症候群（battered parent syndrome）。

貳、斯德哥爾摩症候群

一、概述

　　斯德哥爾摩症候群，又稱人質症候群。其名稱由來是 1973 年發生於瑞典斯德哥爾摩市的一宗銀行搶案，當時有二名男性搶匪挾持銀行裡的三名女子與一名男子，他們連續逃亡六天，在這段逃避警方追捕期間，四名人質與搶匪之間建立了緊密的連結關係，這些人質後來甚至認為綁匪是為了保護他們以免受到警方的傷害。此症候群顯示人質雖受到加害人挾持，但在經歷避免被警方追捕的過程中，產生彼此合而為一的生存策略現象（Levy, 1991/1998）。此對遭遇重大壓力事件之個體為了存活，而對於加害方產生認同的心理機制有清楚的解釋。

二、特質與症候

　　由於長期處於被對方控制的暴力環境中，被害人會衍生出一些外人所無法理解的心理機制，而這些心理反應與被綁架的人質有類似的歷程。被害人為了存活下來，必須暫擱自己的需求，將加害人的需求置於優先以求存活，在這過程中被害人與加害人形成同盟，共同對抗外來的威脅。像是長期遭受家庭內性侵害的被害人、親密暴力的受暴者、被身體及情緒虐待的兒童等，都有可能為了存活而認同加害人並與之形成同盟。

　　斯德哥爾摩症候群包括以下徵候（Levy, 1991/1998）：

1. 被害人與加害人呈現雙向的緊密結合。
2. 被害人對於加害人略施的小惠，感激得五體投地。
3. 被害人否認加害人對其施暴，或是會為其暴行找理由。
4. 被害人否認自己對加害人感到憤怒。
5. 被害人對加害人的需求極為敏感，並試圖隨時滿足加害人，為了達此目的，被害人嘗試從加害人的角度來看待事物。
6. 被害人從加害人的角度來看世界，可能會失去自己原有的立場。
7. 當被害人有前述狀況時，會把外界企圖拯救他出去的力量當成是「壞人」，而加害人則是「好人」，認為加害人是在保護他。
8. 被害人即使重獲自由，仍會發現自己很難離開加害人。
9. 即使加害人已經死亡或坐牢，被害人仍害怕加害人會回來找他。
10. 被害人出現創傷後壓力症的症狀。

 **參、受暴婦女症候群**

一、概述

　　女性主義關心受到父權體制壓迫的各種現象，第二波女性主義則將身體自主權、性騷擾與性侵害等過去被認為是個人私領域的事務，提升到公領域的政治層面討論，將之倡議為「個人的即是政治的」議題——性別議

題若要獲得全面性的改善，就必須提升到政治層面，透過制定政策及立法，方能謀求改善。因此，在女性主義者的推動下，婚姻中的暴力問題開始被關注，從家務事成為公眾議題，我國也於 1997 年推動《家庭暴力防治法》。經過多年來的努力及社會變遷，女性接受教育、經濟獨立、自主性提升，家暴在性別、族群、類型、樣態等面向均呈現多元化的改變，如男性被害人、外籍配偶、多元性別被害人、不同關係型態的類型等。

二、症候

　　過去在婚姻與親密關係遭受暴力的許多女性無處求助，長期忍受暴力，使得某些女性產生受暴婦女症候群，其特質為：對家庭有傳統的觀念、傳統的性別角色刻板印象、接受加害者的行為、感到罪疚並否認及壓抑自己的憤怒、認為自己是唯一可以解決問題或幫助加害者的人、認為性是唯一可以維持親密關係的工具、相信暴力關係的迷思、承受極大的身心壓力、對於無可避免的身體傷害行為感到恐懼、接受加害人的行為，以及否認與淡化受暴的嚴重性、罪惡感、無望感與消極感、低自尊、低自我價值感，對自己的判斷力感到懷疑等，此種長期傷害亦可能造成創傷後壓力症（Walker, 2000）。受暴者除了遭受身體傷害外，多伴隨精神與情緒上的創傷，在懷孕期間遭受傷害也是常見的情形，主要有以下症候：

1. 憂鬱狀態：最常呈現的症候是處在憂鬱狀態，常見有長期的輕鬱症情形。

2. 習得性無助（learned helplessness）：長期遭受暴力的被禁制處境，常令受暴者有習來的無助與無望感，故逐漸放棄任何的求助與改變。

3. 低求助意願：除了受暴的心理機制外，缺乏經濟獨立、為了照顧子女、擔心社會眼光、社會資源有限、對於選擇改變後的未知，以及習得的無助感等，皆是害怕離開暴力關係的因素。長期處在親密關係的人質處境繼續選擇忍受不公平的對待，留在原有的暴力互動關係模式中，這樣的傷害既長遠且對子女有不利影響。

案例 16-1

　　湘湘婚後辭掉工作，專心當家庭主婦。近年丈夫時常在下班後與朋友小聚飲酒，有時更受朋友邀約賭博、經常晚歸。丈夫有時情緒不佳，就辱罵家人出氣，此情況愈趨頻繁，後來更演變為責打湘湘，理由是她不該回嘴。這種情形持續了三、四年，湘湘認為丈夫雖然會打罵，但並不總是這麼可怕，而且他有賺錢養家，為了孩子她還能忍讓。但是經常性的打罵，有時造成湘湘身體有明顯外傷，在一次與高中同學的聚會中，同學發現她身上的傷，追問之下才知道她長年受到丈夫的家暴，而幫她通報 113。經社工了解來龍去脈，建議她可以聲請保護令。但是湘湘對於保護令非常猶豫，表示：若丈夫知道會很生氣，而且丈夫並不是天天打罵，也有對她好的時候，如果離開丈夫，她沒有經濟來源，也無法給孩子一個完整的家庭，該怎麼辦？

處遇策略：

1. 人身安全計畫

　　評估丈夫之暴力危險性，協助聲請保護令以隔離暴力情境，並提供丈夫戒癮處遇及認知輔導教育，藉以改善其暴行。

2. 心理與社會復原

(1)若子女並未受暴，但子女恐是目睹暴力者，亦須同步評估子女的身心狀況，必要時轉介目睹暴力兒少處遇服務。

(2)在徵得湘湘的同意下，轉介心理諮商，協助其受暴創傷的療癒。

(3)了解湘湘婚前的工作屬性，提供職訓及就業服務，協助其有固定經濟來源，能夠經濟獨立。

3. 相對人關懷訪視

　　轉介丈夫接受家暴相對人關懷訪視服務，透過社工的訪視評估及支持，重拾生活目標，協助家庭關係重建。

4. 家庭重建或解組

如丈夫接受處遇服務後能有所調整，夫妻關係仍有維繫之可能，進一步協助其修復與重建。若丈夫難以調整與改變，雙方婚姻真的無法維繫，必須走上離婚一途，則提供法律諮詢，協助其聲請離婚調解。

● 肆、受虐兒童症候群

一、概述

受到父母或主要照顧者虐待的兒童所呈現的身心創傷症狀，為受虐兒童症候群。這些父母多半自控力低，不明瞭他們的衝動行為對孩子造成的後果，而他們本身可能在幼年也是個受虐兒。通常在受虐兒童的身體上可能發現傷痕，像是在手臂、手腕、腿部、腳踝、背部等部位遭到用手、拳頭、棍子、衣架、掃把、愛的小手、皮帶、菸蒂等造成的傷痕，比較嚴重的是造成肢體骨折、頭部撞擊重創，或是內臟器官的傷害。當然，對兒童造成的傷害不僅是身體的，也包含心理與情緒的傷害；許多父母不只是責打兒童，也會以口語辱罵、貶抑兒童，造成其心理精神上的傷害。

二、症候

此症候在心理及行為呈現低自我意像、衝動的性行為、不適當地去愛或信任他人、破壞性或非法行為、憤怒、焦慮或恐懼、自我傷害或自虐行為、自殺意念、過度或退縮行為、對連結新的關係或活動的恐懼、學校的適應問題或輟學、悲傷或憂鬱症狀、創傷影像重現或噩夢、藥物或酒精濫用；這些情緒的傷害可能延續到青少年期，一旦這些孩子長大後亦可能成為施虐的父母，在肢體接觸、親密關係及信任上有困難；他們同時也是焦慮、憂鬱、物質濫用、身體疾患、有學業或工作適應問題的高危險群，

可知兒童受到虐待對其後來的生命歷程有相當大影響（Encyclopedia of Children's Health, 2022）。

　　長期遭受暴力對待的孩子，經常處在不知所措的情況下。因為成人總是依自己的喜怒在不預期的情況下對他們施以身體與心理傷害，此暴力的本質即是控制。因此在成長的過程中，若遇到無法預測他人行為的情況，他們也學會以控制方式來處理問題。這樣的結果是令人難過的，因為他們複製了暴力。

　　受到傷害的兒童若未受到協助與復原，日後成為身心不健康成人的機會相當高，暴力的代間傳遞即由此而來。兒童遭受虐待對個人、家庭、社會與國家的影響至鉅，身心不健康的成人對國家發展力有負面影響，國家在有形與無形中付出昂貴成本。因其影響與代價如此高昂，也顯示兒童保護工作的重要，為了不讓暴力繼續複製，更為了兒童的身心健康權與發展權，國家必須介入並提供整個家庭協助，讓兒童受到保護與照顧，並且讓施虐的父母獲得重新學習的機會。

案例 16-2

16-2-1：

　　就讀小六的曉宏，爸爸在幾年前過世，媽媽帶著他及兩個妹妹跟著新交往的男朋友住在一起。媽媽要他們稱呼男友為爸爸，因為他賺錢養他們。可是這個新爸爸脾氣不好，對孩子沒有耐性，四歲的小妹自己洗頭時，因為沒洗乾淨，就被他抓去沖水，弄得整個頭及身體都溼答答，為省得麻煩，後來乾脆拿剪刀把她的頭髮剪掉。曉宏與十歲的大妹常常沒來由地挨罵，只因是功課寫得比較慢、飯沒吃完，就被打罵。尤其曉宏比較愛玩，經常被打，最近一次因為不爽新爸爸對他們的辱罵而頂嘴還手，結果被打到從樓上跌下樓梯，造成曉宏的右手骨折。直到上學時經老師詢問才得知他們的遭遇，進而通報保護專線。

16-2-2：

　　美美是就讀國小一年級的女生，身材較同齡者嬌小，身高與體重如同幼兒園中班的幼兒，有照顧及營養不足問題。她排行老大，還有一個 3 歲的弟弟。從 5 歲開始，媽媽就經常因為她不聽話而罵她，也用掃把打她的手腳、用菜瓜布搓她的手臂，常因認為美美不乖，氣憤下進而咬她的手，造成肢體瘀青紅腫，多次被通報。社工詢問美美，是哪些事情讓媽媽覺得她不聽話？美美說她不記得了。媽媽與爸爸已經離婚，主要是媽媽賺錢照顧他們姊弟，爸爸偶而會來看她，可是爸爸有時也會說她不乖而打她。每次社工與美美會談時，美美都會靠得很近，很期待社工的眷顧，顯示出其對人的黏著與討好。

處遇策略：

1. 庇護安置

　　父母的不當管教對孩子的身心已造成傷害，這兩個案例均可見孩子都不清楚為何父母親要打他們，原因都是說他們不乖，但是並不知道是哪裡不乖？案例中的孩子皆被認為不乖、不聽話，將過錯都推在其身上，無異增強孩子對自我與行為的負面意像，顯示父母自身的情緒管理及親職管教方法有待學習。

　　評估曉宏三兄妹及美美在家仍會重複被責打的情形下，需要暫時庇護安置，讓父母能夠喘息，使其了解自己對孩子已造成傷害並違法。

2. 心理復原

　　評估孩子心理狀態是否有受虐兒童的身心異常、創傷後壓力情形，必要時轉介心理諮商，協助心理復原。

3. 親職教育

　　依據《兒童及少年福利與權益保障法》，裁定父母接受親職教育，認識兒童身心發展，學習情緒管理、親職知能、溝通技巧、兒少人權及相關法規，並能將這些知能轉化為實際的改善行為。

伍、受暴父母症候群

一、概述

在 1979 年代，Harbin 與 Madden 這兩位精神科醫師及心理學者最先將父母受到成年或青少年子女的暴力界定為「受暴父母症候群」（Harbin & Madden, 1979）。此類似於早期女性遭受丈夫暴力的「受暴婦女症候群」現象，受暴者長期處於憂鬱、無助的狀態中，不敢揭露並向外求援。

二、症候

受暴父母症候群是指父母遭受成年或青少年子女在身體、口語或非口語上的威脅及暴力對待，原本應具有權威形象並有管教子女之責的父母卻反受子女的暴力，覺得羞恥、無望與無助。基於家庭表面的和諧，擔心外人知道家庭的真實樣貌，多以淡化或否認面對，且隱忍不敢求助。

案例 16-3

　　就讀高職一年級的光希，最近一年迷上用手機上網玩遊戲，經常到深夜二、三點才睡，以致早上起不來，總要父母三催四喊才勉強起床上學。有時光希早上無法起床，父母又趕著上班，只好向學校請假，最近更演變成幾乎不到校。為制止他持續上網，父母時而沒收手機或是關掉網路，但卻遭來光希的辱罵，甚至從父母手中搶走手機，並說若再關掉網路或拿走手機，就要給父母好看。父母尋求學校導師及輔導室幫忙，但是光希經常缺課，也無法固定與輔導室老師會談。學校請父母求助社福或醫療體系，但是父母覺得學校都無法幫忙了，更何況是其他單位，也覺得若一再求援，徒增麻煩也無效果，更會讓自己

臉上無光。加上光希一再威脅，父母擔心若處理不好，搞不好會惹怒光希做出更嚴重的暴力行為。因此父母暫時隱忍，維持日常，鄉愿以對。

處遇策略：

　　光希沉迷於網路，耽溺於上網玩遊戲的享樂需求獲得滿足，對於上學已無興趣，須剖析他之前在校的學習、人際情形，評估學校對他是否仍有拉力。父母受到威脅，又怕光希做出嚴重行為，故不敢再有進一步介入，只能旁觀並自保，親子關係演變成光希以手機及網路來控制父母，父母屈就於孩子的掌控。社工可初步提供父母以下指引：

1. 解析成癮原因

　　光希會想要透過手機與網路來掌控，因為這是他目前習慣用來滿足享樂與安全需求的工具，加上他缺乏對自己與未來的定向，故沉溺於這個工具所帶來的各種滿足。由於成癮不是一天所致，故要去除此癮，亦要逐步卸除。

2. 找到替代滿足心理需求的活動

　　切忌貿然拿走手機關掉網路，這是光希目前滿足心理需求的來源，也是心理依靠——藉由網路遊戲暫避心理壓力。可與光希討論他原本就有的其他興趣，重拾興趣並建立信心。

3. 尋求社會支援

　　鼓勵父母卸下心理障礙，勇敢尋求外部資源的協助，讓父母知道社會系統可以提供有力的支持。

4. 請求學校的協助

　　請導師積極參與合作，讓光希願意回到學校。在導師、輔導室、學諮中心的介入下，使光希能夠將對手機的癮轉移到他這個年紀應有的知識學習與活動參與上，調整其自我認同。

第十七章
自傷與自殺防治

● 壹、定義

世界衛生組織（WHO, 2022）對自殺（suicide）的相關名詞定義如下：

1. 自殺：個人有意識地企圖傷害自己的身體，以達到結束自己的生命之行為。
2. 自殺意念：指有自殺的想法但並無具體計畫及行動。
3. 自殺威脅：指以口語或書面表達自殺的想法，但並無行動。
4. 作態性自殺：指以不至於死亡的自殺行動來表達其真正的目的，或以自殺作為達成某種目的之手段。
5. 自殺企圖：指有自殺的想法、計畫及行動，但未成功。
6. 自殺成功：指有自殺的想法、計畫及行動且自殺成功。

此外，自傷是指個人刻意、直接地造成對自己身體的傷害，其行為目的並非想要造成自己死亡的結果（Simeon & Hollander, 2001/2002）。自殺與自傷的區別為：視傷害自己行為的目的是否為了要結束自己的生命，若是即為自殺，若不是就是自傷。

● 貳、原因及方式

根據衛生福利部 2016 年自殺通報案件原因分析，除了「不願說明或

無法說明」外，前三項為：情感／人際關係（47.0%）、精神健康／物質濫用（35.4%）、工作／經濟（9.9%）。年齡方面，以35～39歲最多（13.8%），其次為30～34歲（12.1%），再次為40～44歲（10.7%）。性別方面，男性自殺原因排序與整體相同，以情感／人際關係（36.5%）最多，其次為精神健康／物質濫用（32.9%）及工作／經濟（13.1%）；女性之自殺原因排名與男性相同，但占率略有不同，情感／人際關係（53.3%）最多，其次為精神健康／物質濫用（36.8%），排名第三為工作／經濟（8.0%）。使用的方法，男性前三排序各為：以固體或液體物質自殺及自為中毒（44.7%）、切穿工具自殺及自傷（22.2%）、以其他氣體及蒸汽自殺及自為中毒（10.9%）；女性的前三排序各為：以固體或液體物質自殺及自為中毒（56.2%）、切穿工具自殺及自傷（32.3%）、由高處跳下自殺及自傷（4.9%）（李明濱主編，2022）。

● 參、理論

　　自殺是多元因素，為心理、社會與生理三元因素交織而成，以下分從心理學、社會學、生理學理論說明。

一、心理學

　　最有名的心理學理論是「人際─自殺論」，由父親自殺後投入研究的心理學者喬伊納（Joiner）於2006年提出。認為自殺需先後有自殺意念、自殺企圖，才可能完成自殺。自殺意念的組成，必須要有自覺無能（perceived burdensomeness）及有受挫的歸屬感受（thwarted belonglingness）兩要件，自殺的意念再加上取得自殺的能力，才能構成致命的自殺企圖（台灣自殺防治學會，2020）。

（一）自覺無能

　　認為自己是他人的負擔、累贅，並且無法改變這個狀態，只有死亡才能解決問題。自覺無能包含自責與自恨兩大因子，加重自責的因子有：無

家可歸、遭到監禁、失業、生病、認為自己是多餘的、堅信自己是家中負擔；加重自恨的因子為：自卑、自疚與感到羞恥、煩躁。臨床上不具自殺性的自傷行為經常是在表達怒氣或懲罰自己。

（二）受挫的歸屬感受

主要包含與他人互動及感覺被關懷的兩種受挫。受挫的歸屬感來自寂寞與缺乏關懷，強化寂寞的因子有：孤單、季節變化（春天為自殺旺季，美國及加拿大則多在冬季，可能是因為自然景觀顏色變少及光照變少）、缺乏支持或家庭功能失調。

二、社會學

社會學家涂爾幹（Durkheim）於 1897 年提出「自殺論」，以大量統計比較分析歐洲各種社會階級的自殺率並從中說明對社會的影響，他認為人類是社會的動物，完全整合於社會群體中才能健康，並將自殺類型分成三類（葉允斌，2003）。

（一）自我中心型

自殺是由於個人與團體之間的整合度過低所致，而之間距離愈隔離時，愈會有自殺行為。

（二）利他主義型

自殺是由於個人與團體之間的整合度過強所致，個人被團體完全控制，個人按照社會的指令赴死，服從社會的命令，抑制自衛的本能，如宗教集體自殺。

（三）脫序型

當社會被某種重大危機侵襲或產生急劇的社會變遷時，社會整合力量降低，固有的道德規範或習慣遭受破壞，造成個人對團體的疏離，則容易產生脫序型自殺。這在變遷迅速的工業化國家最為常見，特別是在經濟蕭條的不穩定時代。

三、生理學

當個人在面對壓力時，會分泌大量的壓力荷爾蒙（cortisol 皮質醇），當血糖升高過多就會使腦部發炎，造成情緒起伏過大、憂鬱、激動、衝動的行為（聯合報元氣網，2019）。此影響個人的生理及行為，在極度壓力下有自殺行為。

肆、評估與處遇

一、SOAP 評估法

台灣自殺防治學會（2020）提出 SOAP 評估方式，說明於下：

（一）個案主觀描述（Subjective, S）

個案對自己現況的主觀描述，如：造成自殺的原因、情緒感受、工作或學業情況、經濟狀況、日常生活安排、就醫情況、社會支持等。

（二）客觀觀察資料（Objective, O）

評估個案的外觀、非語言訊息、情感表達、生心理狀態、人際互動、居住環境等。

（三）自殺風險評估（Assessment, A）

將所蒐集到的主觀資料與客觀資料作為基礎，綜合評估個案的自殺風險，包含保護因子與危險因子的評估、治療順從性評估、生理與精神狀態評估，以及再自殺意念風險評估。

1. 保護因子與危險因子評估：社會支持功能、醫療介入協助、經濟能力、慢性病、藥物成癮、自殺史等。
2. 治療順從性評估：就醫或會談情形、是否規則服藥及回診。
3. 生理與精神狀態評估：記錄個案生理疾病、精神疾病暨相關症狀、心情溫度計的分數變化。

4. 再自殺意念及風險評估：了解當次自殺情境、自殺意念與行為意圖程度、有無立即自殺計畫、生命危險及致命程度。

（四）處遇計畫（Plan, P）

　　根據評估結果進一步擬定處遇計畫，包含本次訪視處遇、資源連結及轉介、未來關懷重點、方式及時間等。

二、簡式健康量表及殺子自殺風險因子評估

　　對於有憂鬱及自殺風險者，可使用第五章（表 5-1）簡式健康量表評估。此外針對高風險個案及家庭之評估殺子自殺風險，下列指標供助人者評估（李明濱主編，2013），符合者須立即通報並提供協助。

（一）婚姻（感情）衝突

1. 離婚半年內且有就診精神科紀錄。
2. 目前處於離婚協調中，其中一方不願離婚。
3. 曾揚言要以傷害小孩來威脅、報復另一方。
4. 曾表達自己想自殺，但捨不得子女生活受苦。

（二）經濟困難

1. 負擔家計者遭裁員、資遣、強迫退休。
2. 擔家計者死亡、離家出走、重病、入獄服刑等。
3. 有債務清償議題，如卡債、借高利貸、積欠房租。

（三）照顧負荷

1. 家中有罕見疾病或多重障礙子女。
2. 未成年父母（未滿 20 歲）。
3. 家中有子女是精神疾病患者。
4. 家中有重病的長輩。

評估與處遇

第十八章
個案工作與團體工作

壹、概述

社會個案工作與團體工作是社會工作最基本的直接服務，也是最重要的工作方法。社工員與個案的工作中，也必須包含與其家屬工作，尤其是家中的主要照顧者。團體工作是以團體的形式進行輔導或治療，如病房中的病友團體、家屬支持團體，以及依據各項法令規定必須接受家庭暴力加害人認知教育輔導、性侵害加害人的認知與輔導教育或治療、物質濫用者的戒癮治療等，多採取團體工作方式。欲實施性侵者與家暴者的輔導治療者，需符合衛生福利部訓練基準，可參考《性侵害犯罪加害人身心治療及輔導教育處遇人員訓練課程基準》、《家暴加害人認知及親職教育輔導處遇要點、執行人員資格條件及訓練課程基準》。

本章的個案工作主要是針對個案的心理暨社會評估，蒐集個案及家庭的資料，作為評估問題後擬定處遇計畫的基礎；團體工作概述團體的治療因子及應用於個案及家屬的團體類型；最後介紹助人歷程及各階段所使用的會談技巧與應用。

貳、個案工作

社工人員藉由與個案及家屬的會談，了解其疾病史、成長史、社會互動與功能、對疾病的認知、治療期待、就學及就業史、社會資源使用情形

等。雖然社工著重社會層面的評估，也須具備對個案精神與心理層面的基本認識。以下分就精神與心理狀態、社會互動與功能，以及與家屬工作等做進一步說明。

一、精神與心理狀態

對於精神疾病的評估，主要是從個案的主觀陳述與感受了解其症狀，並透過助人者客觀的觀察與互動過程中發現其病徵，可從以下各向度做基本了解（韓青蓉，2019；顧美俐、胡訓慈，2022）。

（一）外觀

經由觀察外表、面貌、眼神、姿勢、舉止、穿著、打扮等，評估個案的外觀、情緒表現、肌肉活動、整體行為等。如身材的高矮胖瘦、眼神接觸、說話的音量、語速、話語內容與表情的一致性、妝容、手勢、走路或坐著的姿勢、穿著是否與天氣相符、衣服乾淨度、佩帶的首飾是否合宜等。

（二）態度

對於會談的合作度、主動或被動陳述、談話有內容或是貧乏、流露或隱藏情緒、自信或缺乏自信、熱情或冷淡、高傲或謙虛等。社工人員可以從互動過程感受到病人的態度與回應，是一種融合客觀觀察後對病人的觀感。

（三）意識

個人的知覺程度，是否意識清醒、有覺察力、對自己的疾病有病識感。

（四）情緒

包含情感（affect）與心情（mood），情感是指在某一短時間內的情緒狀態，心情則指某一長時間的情緒狀態。心情是病人長期主觀感受的情

緒，情感則為助人者所觀察病人之情緒狀態，可以觀察情緒是正面或負面、強或弱、轉換快或慢、情緒的表達與言談內容的契合度等。

（五）知覺

指個人經由身體感官接收到外在刺激，進而轉變為心理訊息的過程。個人是如何解讀這些訊息？對於這些幻覺和錯覺，是否能夠區辨是真實的或虛假的？知覺包含幻覺、錯覺、失去現實感／真實感、失去自我感，幻覺包含視幻覺、聽幻覺、觸幻覺、嗅幻覺、味幻覺。視幻覺及聽幻覺常見於思覺失調症患者，會將自己看到但別人看不到的視為真實，也會聽到有人對自己說話及對話，而將這些話語視為真實。

（六）口語表達

除非個案為聽語障礙，一般的表達多以口說方式。包含：使用何種語言，說話的音量、音調、音質、速度，話多或貧語，說話的內容是否有重點等。

（七）思考歷程

對說話內容思考的判斷，思考的形式（如鬆弛）與內容（如妄想）。包含：思考的順暢性、邏輯性、組織性，是否能夠聯想、抽象思考，或是有意念飛躍情形。

（八）認知與智能表現

認知是思考與了解的能力。評估注意力與集中力，例如以 100 減 7，一直減到 65；或 20 減 3，一直減到 8。評估抽象理解與整合力，如：詢問「舉一反三」是指學到一件事情，可以類推學習到其他類似事情，那麼「一元復始」是什麼意思？或是詢問：「一箭雙雕」是指做一件事同時達到兩個目標，那麼「三人成虎」是什麼意思？

（九）記憶

個人將接收到的訊息記下來並提取，是對事物的編碼、儲存、回憶的

過程。但是記憶有時會受到時間、受暗示的影響，某些人有很強的記憶力，某些人記憶力沒那麼持久，也有人可能會有記憶錯誤甚至失憶，如失智症患者。可以評估個案的立即記憶、短期（5～15分鐘內）、新近（幾個月內）、長遠（幾年以前）的記憶，可詢問「記得我剛剛說了什麼話嗎」、「今天早餐你吃了什麼」、「上個禮拜六你到哪裡去玩」、「你念哪一所國中」等等。

（十）定向

對於人事時地物的定向，包含知識、記憶、判斷、抽象思考等，個人的智能會影響定向。可藉由詢問已知的事實或現象來測量知識，如「舉出歐洲的三個國家」、「我國的國旗有哪些顏色」。藉由詢問今天是幾年幾月幾日，來測量時間的定向。欲測量記憶能力，則可請其從1加7等於多少，再加7，持續加計結果；或告訴其一組數字，請其依序反向回答。

（十一）領悟與判斷力

領悟力與思考、概念化、解決問題、抽象思考、自我覺察能力有關。判斷力是在某情境下做出具邏輯決定的能力，可詢問：「如果家裡失火的話，你會怎麼做？」

（十二）行為

身體的動作、行為舉止、行動僵直或變化大、活動（motor behavior）過度或過少、抽搐、傻笑、咬指甲、轉筆、抖腳等干擾的動作，可觀察是否有奇異行為。

（十三）自我概念

了解身體意像、自尊、個人認同，可請個案在紙上畫自己。

（十四）壓力及因應模式

了解個案面對壓力的慣常因應方式，可問：「當你生氣的時候，你會做什麼？」

（十五）危險評估

評估個案的安全性、自我傷害或傷害他人的危險或風險評估，如自殺或自傷意念、傷害他人的意圖或可能的具體行動。

二、社會互動與功能

從人在情境中及生態系統的觀點評估個案的社會互動與人際功能，這部分從微視系統（microsystem）的個人與家庭、中視系統（mesosystem）的社區與外在環境，到巨視系統（macrosystem）的社會體制與價值等，逐一了解個案如何與這些系統互動並受其影響，而形塑成為現在的自己。

在進行評估時，必須將個案目前生命週期的發展議題及心理社會壓力來源納入同步評估。生命發展的議題，可參考 Erikson 的心理暨社會發展任務，如青少年時期為自我認同相對於認同混淆，此為發展過程中預期的挑戰；社會壓力來源，指非預期的意外及壓力，如童年受到父母的暴力對待、家人生病過世、地震受災戶等。

（一）個人層面

評估生理功能、認知與智力、個性、情緒、動機等精神與心理層面功能。評估重點有個案的生長史、生病前的性格、學校適應、家庭適應、工作適應（曾做過幾份工作、持續度多久、對於工作的適應情形為何）、家事能力、自我照顧能力、人際適應（幼年至成年時期與同儕是否有衝突）等。要特別注意個案在發展過程中，跟同年齡者相較是否有發展遲緩的情形。

評估個案對疾病的適應，包含疾病簡史、入院原因、在病前與病後的社會生活適應情形、過去就醫情形、令家人感到困擾的問題為何、家屬對於疾病態度的評估、家屬對於個案疾病的認知及預後態度，必要時應予以解釋和澄清。

（二）家庭層面

繪製家系圖，評估家庭結構、功能與動力，以及家庭與重要他人對個

案的照顧與影響。焦點在個案與其他家庭成員的互動關係，例如：關係是衝突或親密、聯盟關係、主要的經濟提供者。

在父母的部分，要了解其父母如何認識、婚後互動的情形、誰是家中家務的主要負責者等。若個案已婚，則要了解夫妻關係、對孩子的管教方式、經濟來源、主要決策者、家中的主要照顧者等。

手足的部分，則要了解個案和手足間幼時與長大後的互動、父母對其教育方式為何、父母對不同子女的教育方式是否有差別，以及親子間互動關係是緊密或疏離，最後是對於個案此次入院的期待等。詳細評估內容見第十九章的家庭評估與家庭會談。

（三）社會功能

評估社會角色的行使能力、人際互動的社交技巧、社會支持網絡、社會資源的運用能力。在社會支持系統方面，包含非正式支持系統——了解個案與朋友、親戚、鄰里的互動，以及目前親友是否提供支援；正式支持系統——個案與學校、職場的互動，是否知道社會福利資源、曾應用哪些社會福利、評估是否有經濟上的困難、可以幫助的資源還有哪些。全盤了解其需求，方能擬定一個較為完善的處遇計畫。

（四）多元文化

了解個案及其家庭在多元文化的性別、年齡、宗教、種族、階層、語言、創傷等看法，以利了解對這些個案的疾病原因或治療有哪些阻力或助力。

了解個案的多元文化特質，可以詢問：「請問對於貴族群的事，有些我不太熟，可否請您告訴我這個社區或族群的事，您們都是怎樣看待或處理的？」這樣可拉近彼此距離，也可讓對方知道自己尊重不同文化的差異。甚至可以問：「貴社區或族群都是怎樣處理類似的事件，讓事情結果可以被接受，也能很圓滿？」如此可幫助工作者找到在該族群最能被接受的圓滿方法。

三、與家屬一起工作

家屬是個案的重要他人，照顧個案的過程會遇到各種挑戰，除了要因應個案因疾病而產生的各種行為，也要因應家庭可能有的經濟問題。家屬也會因為照顧個案而影響並限制了自己的生活，若其本身有身體或心理的健康問題，無疑雪上加霜。因此助人者必須盡可能評估其需求與問題，引介資源協助家庭。以下是協助重點：

1. 首要工作是提供家屬有關精神疾病的衛教資訊與資源，讓家屬了解疾病的症狀與特徵，知道如何回應並幫助個案，修正對個案的期待，不斷支持並鼓勵個案，增進家屬與個案及家屬之間良好的溝通。
2. 鼓勵個案參與醫院或社區的活動，讓個案與人群有連結的參與感，進而學習新的人際技巧、對自我有價值感。
3. 照顧是一種精神、情緒、體力的付出，家屬長期照顧個案也會疲累，可以鼓勵家人彼此分擔照顧的重擔。尤其是主要照顧者須有紓解壓力的方法，可協助家屬尋求喘息服務，找到善待自己的自我照顧方式。
4. 增進家屬運用社會資源的能力，知道遇到問題時的求助管道，可以尋求哪些非正式支持系統的親友、鄰里，或正式的長照、醫療、政府的社會資源之協助。

參、團體工作

一、團體的治療因子

團體工作是社會工作直接服務的方法之一，帶領者針對個案遭遇的問題、個別特質等設計團體的主題，透過帶領者使用團體技巧引導成員於團體中分享、討論，朝著團體的目標前進，使團體成員獲得問題的處理。根據美國存在主義心理治療的歐文・亞隆（Irvin D. Yalom）醫師提出團體有 11 項治療因子，分別如下（王金永、李玟撰，2020；Yalom & Leszcz, 2005）：

（一）灌輸希望感

團體提供成員互動分享的機會，當帶領者及成員對治療抱持希望感，成員對彼此的成長有所激勵，對治療可以產生正面效果。

（二）普同感

個案經常對於本身所遭遇的問題感到孤立與無助，甚至會認為只有自己才有這些問題。透過團體成員彼此分享，可讓成員知道這些問題是每個人在生活中皆可能會面臨的困擾，當知道「大家都跟我一樣面對人生的難題，不是只有我一人孤獨地面對」時，即能產生普同感。

（三）提供資訊

透過成員的分享可以提供其他成員解決問題的資訊或建議，帶領者也能提供相關資訊與資源，幫助成員更快速地了解有些問題可以透過資源協助獲得解決，並從中獲得大家的關心支持。

（四）利他主義

團體成員都面臨類似的人生課題，透過彼此的分享與支持，提升自己的自信與能力，也能將自己所學習的方法分享他人，彼此學習與幫助，形成一個互助的循環。

（五）原生家庭的矯正性經驗重現

個案的原生家庭帶給個人深遠的影響，在團體互動中可能重現個人童年在家庭中未解決的問題與衝突。透過帶領者的協助，可以幫助成員探索過去的家庭衝突經驗，學習如何回應此負面經驗的影響，習得因應的方式，達到治療效果。

（六）發展社交技巧

團體提供成員互動交流的環境，協助成員覺察自己的人際互動模式，修正行為模式，學習成熟的人際社交技巧。

（七）模仿行為

成員可以透過觀察與模仿其他成員的行為，調整自己慣有的、無效的行為模式。

（八）人際學習

團體是一個人際互動情境，提供機會讓成員覺察自己的人際關係，從中感受人際互動歷程中矯正性的情緒經驗，學習如何與他人建立正向的人際關係，進而能內化並類化到真實的生活場域中。

（九）團體凝聚力

具有凝聚力的團體，即具有療效。成員會互相接納包容，對團體有歸屬感，彼此能夠坦然分享，面對自己的不足，並勇於改變。

（十）情緒宣洩

團體提供成員抒發長久累積負面情緒與困擾的機會，具有情緒宣洩的功能。其他成員的同理與接納讓個案獲得支持，並藉此學習將自己的想法與感受表達出來。

（十一）存在因子

人生面對死亡、孤獨、自由與無意義等存在的課題，即便在團體中的互動、分享與支持下，個人可以獲得諸多協助，但面對生命中的種種課題，仍然是個人必須單獨去面對處理，這是身而為人的責任，要對自己的生命負起責任。

二、團體的類型

團體依其目標而有不同的團體類型，以下是常見於精神病患或家屬的團體類型（何長珠等人，2011）：

（一）訓練團體

重點在訓練團體成員的互動、他人如何看自己、他人給予的回饋與支持，如：人際互動技巧訓練團體、敏感度訓練團體。

（二）會心團體

著重個人的自我探索與成長，鼓勵成員表達想法與感受、自我揭露、省思，如：成長團體、自我探索團體。

（三）自助團體

因某一特定需求而組成的心理團體，如酒癮者、癌症病患，常見於病友支持團體，如：思覺失調症病友團體、憂鬱症病友支持團體、乳癌病友團體、洗腎病友團體、癲癇病友團體、紅斑性狼瘡病友團體、自閉症患者家屬支持團體等。

（四）教育團體

提供成員學習的資訊、發展特殊的技巧、認識特定的醫療主題，可能是單次或是多次連續性的團體課程，如：認識物質成癮影響的衛教團體、認識注意力不足過動症的衛教團體、如何與思覺失調症家人互動的團體。

（五）心理劇團體

心理劇是一種特殊的治療方式，將個人治療轉變於在團體中治療個人，將口語的治療轉為行動方式的治療，團體中有主角、導演、輔角、舞台、觀眾等五元素（田禮瑋，2022a）。團體成員共同演出關心的主題，由受過心理訓練的帶領者擔任導演，成員扮演主角、輔角、觀眾等。成員開放自己的經驗，在團體中重演過去生命的困擾與主題，經由扮演過程的宣洩、淨化而覺察，並透過成員的回饋，使個人獲得對問題的了解與成長。

（六）家暴加害人及性侵害加害人的處遇團體

依據《家庭暴力防治法》及《性侵害犯罪防治法》的規定，家暴加害人接受認知教育輔導或戒癮治療，性侵害加害人在監獄及社區接受強制治療，此治療多以團體治療為主，部分為個人治療。精神科社工人員可能是此類治療團體的一員，應具備這方面的專業知能，治療目標為降低再犯。國內多以認知行為療法為基本原理，認為人類行為是由想法與學習相互影響而來，會形成一個依序為「情況→想法→情緒→行為」的鏈結，治療重點放在如何幫助個案認出及修正自己的認知感受行為鏈（林明傑，2018）。同時以自我內在管理（internal self-management）並引進外在監督（external supervision）（如社工的關懷訪視、個案定期至警察局報到、假釋者向觀護人報到、測謊、驗尿、加害人登記及報到制度等），以有效阻斷個案潛在的再犯循環，防止再犯（Pithers & Cumming, 1995）。

肆、基本助人技巧的應用

一、助人歷程的階段

Hill 與 O'Brien 界定助人為「幫助個案探索其情感、使之獲得洞察，以利其在生命中作出積極正向的改變」（Hill & O'Brien, 1999/2003）。依據黃惠惠（1988）的助人歷程四階段及 Hill 與 O'Brien（1999/2003）的三階段，將助人歷程整理如表 18-1。可知黃惠惠之四階段的後三階段和 Hill 與 O'Brien 的「探索、洞察與行動」三階段相同。

二、協助前階段：目標在「關係建立」

助人之初最重要的是要讓個案感到被重視與被接納，若此一過程未能達到，則註定將會困難重重，甚至毫無受益而結束。此時有一極重要的技術是「專注」（attending，作者認為譯為「關注」更好）。專注是指對個案表達專心與注意，使其感受到受重視與被接納。此一技術使個案對助人

表18-1
助人歷程四階段及技術

黃惠惠（1988）	協助前階段	第一階段	第二階段	第三階段
Hill 與 O'Brien（1999/2003）三階段論		探索階段	洞察階段	行動階段
目標	關係建立	助人者的反應與個案的自我探索	助人者的挑戰與個案的動力性自我了解	行動計畫
技術	1.生理專注：助人者以關注生理行為表達對個案之關心，並留意個案與助人者自身生理狀況。 2.心理專注：助人者以傾聽表達對個案之關心，並留意個案與助人者自身心理狀況。	1.初層次同理心：簡述語意＋情緒反映。 2.尊重：助人者對個案尊重。 3.真誠：助人者對自己真誠。 4.具體／探問：對於個案所說而助人者不清楚的地方提問。 5.結構化：就日後之輔導架構及時間進行溝通。	1.高層次同理心：情感反映＋你覺得你沒辦法或不知道⋯⋯。 2.面質：助人者溫和地詢問個案非理性之想法或做法。 3.自我表露：分享自己的相似或不舒服經驗。 4.立即性：分為「關係的立即性」與「此時此刻的立即性」。 5.重新框架：以新角度看待事物。	1.問題解決技術：發展問題解決清單，依重要順序實行。 2.角色扮演：可由個案扮演自己在日後與他人對話的角色；或扮演他人，而助人者扮演個案，兩人進行對話。 3.行為改變技術：做自己不習慣而可改善之行為，之後予以自我獎勵，或由助人者、家人給予獎勵。 4.家庭作業：安排作業讓個案返家可練習或提供讀物作業。 5.提供資訊。

註：作者參考黃惠惠（1988）及 Hill & O'Brien（1999/2003）所製。

者產生信任，從而更願意開放自己與面對自己，使助人歷程能順利開展。專注技術很難以口語表達，故常以非口語之行為方式表示出來，分為以下兩部分：

（一）生理專注

指助人者以身體語言與聲音變化來表達對個案的關注，包含面向對方、眼神注視對方、輕鬆的表情、開放的姿態、身體適當地傾向個案（黃惠惠，1988）。更廣義言之，應包含對個案生理現象的關注，如個案是否吃飽、生理狀況（如受傷），或外表上可觀察之情況。也包含助人者自己的生理狀況，如是否疲累、口渴或飢餓，此部分務必在助人前處理好。

（二）心理專注

指助人者以積極傾聽（listening）的方式表達對個案的關注，依據黃惠惠（1988）指出，「聽」與「傾聽」不同，「聽」是只以耳朵聽，而「傾聽」則不只用耳朵聽，也用心聽。「傾聽」包含傾聽個案之口語與非口語兩方面，「口語傾聽」包含個案所表達的用語、內容與情緒，而「非口語傾聽」包含表情、姿勢，甚至包含矛盾之訊息，如原本很生氣卻表現很平順，甚至無力感。此外，更廣義的傾聽包含對個案心理狀況的關注，如關注其心理是否很受傷或心理之失序或失常，也包含助人者自己的心理狀況，如是否煩躁、疲勞或憂愁某事，此部分務必在會談前處理好。

當助人者以上述兩方式表達關注，通常個案會發現助人者與其他人的反應不同。助人者表現出關注且平等的對待，此為助人關係的重要起點，當個案對助人者產生信任，即能逐漸產生自信與正面動力。

作者認為在此階段與下一階段的目的均是與個案建立一個穩固的舞臺，只要舞臺夠穩固，助人者就能與個案在舞臺上有好的助人互動，也才能使個案在舞臺上勇敢找到自己，而個案在離開舞臺後也才能穩定地做自己。

三、第一階段：目標在「助人者的反應與個案的自我探索」（或稱探索階段）

此一階段包含以下技術：

（一）初層次同理心（Primary-level of Empathy）

同理心是助人者最重要的技術之一，同理心之定義羅列如下：

1. 同理心是對他人產生一種人同此心、心同此理的共鳴性了解（黃惠惠，1988）。

2. Hill 與 O'Brien 認為同理心是指在認知層次上與情感層次上了解個案（Hill & O'Brien, 1999/2003）。

3. Carl Rogers 認為同理心是能採納一個人的內部相關架構進而了解他的世界，感受當事人的個人世界，就好像是自己的一樣，但又不失去這種「彷彿」（as if）的特質（黃惠惠，1988）。

綜合以上，同理心是能站在他人的立場去了解對方所述說與所感受。同理心的溝通不僅是助人者建立助人關係的基本態度，也能增進日常生活中人際關係的相互了解。

Carkhuff（1969）認為同理心的技術可分兩類，即初層次同理心與高層次同理心，在第一階段只用前者。初層次同理心是指助人者對個案明顯表達的意思及感覺作一基本了解的溝通，以協助個案從自身的參考架構來探索及澄清自己的問題（黃惠惠，1988）。作者認為初層次同理心是助人者運用同理心了解個案之語意與情緒，並就該了解向個案反應──然而，「反應」的意思似乎只是對某些行為作反應而不管對方確認否，而「反映」則不只做反應，且能讓個案也知道助人者已經了解，大體來說以「反映」來代替「反應」。因此更具體的定義可以是：「初層次同理心即是助人者使用的會談技術，使能簡述個案之語意，並對其情感做反映，使個案能感受到助人者了解其原意與並同理其感覺。」以下使用公式及說明提供初學者參考：

初層次同理心＝簡述語意＋情感反映

- **一般諮商情境**

案例18-1（在案家）
　　個　案： 老爸老愛唸我，真是氣死人。
　　助人者： 爸爸對你太嚴格的做法，讓你感到不舒服。

案例18-2（在學校）
　　個　案： 小明一直恥笑我，真是氣死人。
　　助人者： 小明對你的恥笑，讓你感到不舒服。

- **矯正諮商情境**

案例18-3（在監獄）
　　個　案： 主管老愛盯我，真是氣死人。
　　助人者： 主管對你太嚴格的做法，讓你感到不舒服。

案例18-4（在社區心理衛生中心）
　　個　案： 前一位觀護人都一直對我大小聲，真是氣死人。
　　助人者： 前一位觀護人對你的口氣，讓你感到不舒服。

案例18-5（婚暴者）
　　個　案： 太太老愛唸我喝酒，真是氣死人。
　　助人者： 你喝酒而太太唸你，讓你感到不舒服。
（在矯正諮商情境中，如婚姻暴力加害人常會講出是對方逼他如此做的，需注意的是不能同理其打人的行為，但能同理其情緒之不舒服。）

　　建議初學者在個案有憤怒或失落等負面情緒時，句末的情感反映可多使用「……讓你感到不舒服」。需注意此一技術不只使用在第一階段，也可用於其他階段，只要能讓個案知道助人者對他所說及所感覺給予反映，

讓個案知道助人者了解此兩部分，就能達到讓個案信任的效果。

上述之簡述語意與情感反映，也可分開運用：

1. 簡述語意（paraphrasing）

又稱內容反映，助人者將個案談話的內容，以簡短扼要的方式回應給個案。

2. 情感反映（emotional reflection）

助人者以簡短而正確的話語，表達出對個案情緒感覺的了解，如同「照鏡子」般地將個案的情緒以其能接受的方式反映回去。讓個案感受到助人者對他的了解，並經由助人者的反映而能覺察自己的感受。

（二）尊重（respecting）

黃惠惠（1988）以 Carl Rogers 之「無條件積極關懷」（unconditional positive regard）來解釋尊重，指助人者把個案視為一完全獨立的個體，允許他有屬於自己的感受與經驗，不管這感受是好的或不好的。

尊重是一種態度，助人者對個案的完全尊重不可預設任何立場，即使知道是難以改善之嚴重犯罪人，仍要給予尊重，千萬不可輕視或嘲笑。在團體督導或一人練習時，可練習寫下自己對憂鬱症病人、性侵犯者或婚姻暴力者所應尊重之處，並反省或討論之。

（三）真誠（genuineness）

真誠是一種態度，助人者的助人行為必須是發自內心的真心誠意、角色一致、能面對自己的感受與優缺點、願意分享自己的感受等，皆是助人者之重要特質。若發現自己的能力無法協助個案，也能坦然面對並尋求協助或轉介。在團體督導或獨自練習時，可練習寫下自己的優點、缺點各二至三個，並反省或討論之。

（四）具體／探問（concreteness）

助人者協助個案明確地表達感覺、經驗、行為或問題，針對特定問題

協助個案自我探索。一般包括「人、時、地、什麼、怎麼（如何）、為何」等項，即六 W（Who, When, Where, What, How, Why）。

（五）結構化（structuring）

通常在首次會談時，助人者向個案釐清助人關係的權利、責任與角色，使個案對於會談的次數、架構與方向有所了解。在助人歷程之不同階段也可視情況運用，以減低個案的焦慮與疑惑。

四、第二階段：目標在「助人者的挑戰與個案的動力性自我了解」（或稱洞察階段）

此階段之技術均在促使個案對於自己的情況、想法、情緒與行為有洞察而能產生改善的動機，所以此階段技術統稱為「挑戰」（challenging）。此一改善的動機是指個案因為助人者之挑戰而產生動力性的自我了解，此所謂「動力性」是指有改善動機。Egan（1982）曾提出挑戰的六個原則，甚為重要（請參考黃惠惠，1988）。此一階段包含以下技術：

（一）高層次同理心（advanced-level of empathy）

依據黃惠惠（1988），高層次同理心是指助人者對個案說了一半或隱藏在話中的意思給予挑戰，以協助個案產生新的觀點或理解。作者認為可再具體的定義為：「高層次同理心是助人者使用一種將同理個案之感受轉換到個案對其問題之動力性的自我了解之技術」。

此技術適用於本階段，因為若在第一階段使用，容易因助人關係尚未建立好、或個案未能信任助人者而中斷接受訪談。此技術提供個案一個不同於其原本的信念，刺激個案以新的觀點來思考問題。提供以下簡單公式應用：

高層次同理心＝情感反映＋是不是因為你沒辦法（或不知道）……

- 一般諮商情境

案例18-6（在案家）

　　個　案：老爸老愛唸我，讓我不舒服。

　　助人者：你感到不舒服，是不是因為你不知道如何達到爸爸要求的標準？

案例18-7（在學校）

　　個　案：小明都一直恥笑我，讓我不舒服。

　　助人者：你感到不舒服，是不是因為你不知道如何阻止小明對你的恥笑？

- 矯正諮商情境

案例18-8（在監獄）

　　個　案：主管老愛盯我，我覺得不舒服。

　　助人者：你感到不舒服，是不是因為你不知道如何達到主管要求的標準？

案例18-9（在社區心理衛生中心）

　　個　案：前一位治療師太沒道理，真是氣死人。

　　助人者：你感到不舒服，是不是因為你不知道如何達到前一位治療師要求的標準？

案例18-10（婚暴者）

　　個　案：太太到現在還是一直唸我喝酒，真是氣死人。

　　助人者：你感到不舒服，是不是你不知道如何在喝酒的量與太太的關心之間找到一個平衡點？

　　必須強調的是，高層次同理心的後段幾乎是一個連結洞察的挑戰；然而，不同的助人者會有不同的挑戰，這種不同可能是來自每個人的生活經驗或理論取向。助人者要留意自己對於個案或與個案類似之人有無未完成的情緒，如果曾經受挫於該類個案，則須留意自己是否有扭曲之挑戰。

（二）面質（confrontation）

　　指助人者溫和地質問個案之非理性、自我破壞或傷害他人的想法或做法，以促使個案勇於改善的一種挑戰技術。面質時可使用「是不是」、「是否」等試探與溫和的方式來陳述。

- **一般諮商情境**

> **案例18-11**（在案家）
> 　　**個　案**：老爸老愛盯我，我只好一直反抗。
> 　　**助人者**：你不喜歡爸爸盯你，卻一直使用反抗的方式，是不是因為你一直覺得你是被動的？

> **案例18-12**（在社區）
> 　　**個　案**：我先生已經有一年沒回我這個家了，我不能沒有他！（低聲訴說，眼睛溼潤。）
> 　　**助人者**：你已經有一年過著沒有你先生的生活，而且這段時間你也努力讓兒女有家的感覺，你的家是不是真的很需要沒有功能的先生呢？

- **矯正諮商情境**

> **案例18-13**（在社區心理衛生中心）
> 　　**個　案**：很難找到適合的工作，所以我只好一直換工作。
> 　　**助人者**：你覺得工作難找，但好像找到後也沒讓自己做久些，你是否真的想要工作呢？

案例18-14（婚暴者）

　個　案：我一直想要戒酒，可是就是戒不了。

　助人者：你想戒酒但戒不掉，你是不是也一直這樣告訴自己？

（三）自我表露（self-disclosure）

指助人者適當分享自己負面或不舒服的類似經驗，以促使個案對問題的改善有洞察的技術。須留意的是要盡量簡短，也不可以自我吹噓，所表露的經驗必須是真實的，若沒有類似經驗則不必使用此技術。

・一般諮商情境

案例18-15（在案家）

　個　案：老媽老愛盯我，真是不舒服。

　助人者：我也有類似經驗，那真是令人感到不舒服。

案例18-16（在社區）

　個　案：我先生已經有一年沒回我這個家了，我不能沒有他！（低聲訴說，眼睛溼潤。）

　助人者：其實我家也有類似的情況，我母親及我們兄妹也曾經過著沒有丈夫和父親的生活。

・矯正諮商情境

案例18-17（在社區心理衛生中心）

　個　案：很難找到適合的工作，所以我只好一直換工作。

　助人者：我之前也有找不到工作的困擾，好一陣子都感到十分沮喪。

案例18-18（婚暴者）

　　個　案：我一直想要戒酒，可是就是戒不了。

　　助人者：我也曾有想戒菸也戒不掉的情形，那時心情真是不好。

（四）立即性（immediacy）

　　指助人者對於個案所突發的不適當言行所做的立即挑戰技術，以促使個案能對問題或諮商關係有進一步之洞察。可分為「關係的立即性」與「此時此刻的立即性」，前者是指個案所突發的不適當言行涉及諮商關係，如不信任、依賴或吸引等；後者是指個案所突發的不適當言行較屬於當下之言行舉止。

- **一般諮商情境**

案例18-19（在學校）

　　個　案：跟你談那麼久了，我覺得你還是沒有很了解我。

　　助人者：你說我不是很了解你，會不會這段時間以來你也不希望讓我更多了解你？

案例18-20（在社區）

　　個　案：你們男生都只會玩弄女生的感情。

　　助人者：不好意思，因為我也是男生，不知道你這說法會不會影響你在這裡輔導的信任關係？

- 矯正諮商情境

案例18-21（在社區心理衛生中心）

　個　案：都是你要我在上班日報到，害我很難找到適合的工作。

　助人者：我曾多次告訴你，若你真的找到工作且也穩定下來，我將
　　　　　會幫你調整時間，但你似乎一直以報到當藉口，忘了你也
　　　　　曾答應要認真穩定地工作。

案例18-22（婚暴者）

　個　案：如果是你太太每天都晚回家，你會不會氣炸？

　助人者：當然會生氣，但我不會出手打人，因為很顯然打人沒辦法
　　　　　解決問題，只會讓狀況更糟。

（五）重新框架（reframing）

　　以新角度看待事情來協助個案得到洞察的技術。此技術常是認知治療
運用的核心，鼓勵個案使用不同且令自己較自在的想法來看待事情，使
其產生不同感受。現實治療常鼓勵個案釐清自己的理想生活與實踐能讓
自己感受較佳之行為，並以此來重新框架對事件的想法。正念認知治療
（mindful cognitive therapy）則以接近靈性體驗的方式鼓勵個案放慢生活
步調與問題思考的腳步，來重新看待人生與體驗。

- 一般諮商情境

案例18-23（在學校）

　個　案：老師老愛緊盯著我，我覺得已經受不了了。

　助人者：你說老師緊盯著你，會不會他真的很關心你，只是讓你覺
　　　　　得受不了？

• 矯正諮商情境

案例18-24（在社區心理衛生中心）

　　個　案：老闆對我必須請假來輔導有抱怨，而我也不舒服。

　　助人者：看來老闆希望你能穩定做這份工作，這代表老闆肯定你的工作表現，我的想法也是一樣，請讓我觀察這一個月工作與報到的表現後我們再來討論，看是否調整輔導時間。

案例18-25（婚暴者）

　　個　案：我只是喝點小酒，我太太就開始愛唸。

　　助人者：你太太會不會很關心你的健康問題？

五、第三階段：目標在「行動計畫」（或稱行動階段）

　　這一階段要幫助個案在其探索和洞察的努力下所決定要採取的行動，以改善其面臨之困境。

（一）問題解決技術（發展問題解決清單，依重要順序實行）

　　助人者在協助個案了解及探索其問題之後，最後需對個案的問題進行分析，並協助其找出解決方法，進而具體實踐，以達問題之改善。具體步驟如下（黃惠惠，1988）：

1. 確定問題。
2. 決定問題處理之優先順序。
3. 建立當事人同意且具體可行之目標。
4. 達成目標之阻力與助力分析：給予各助力與阻力正負分數，以確認個案周圍之正負力量。
5. 盡量一起想出有關之策略。
6. 選擇達到目標最有效的方法：對可相容之選擇可用「重要可行性比較法」，若是不相容之選擇則可用「平衡單比較法」。
7. 付諸實行。

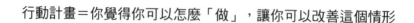

行動計畫＝你覺得你可以怎麼「做」，讓你可以改善這個情形

（此接近「現實治療」，須符合好行為三原則：找到不傷害、不看不起、能讓自己自在的行動）

行動計畫＝你覺得你可以怎麼「想」，讓你可以不用再不舒服下去

（此接近「認知治療」，須符合好想法三原則：找到不傷害、不看不起、能讓自己自在的想法）

（二）角色扮演

此助人技巧中的諮商技術，由助人者引導個案將過去、現在或未來可能之困境加以扮演，使其得到宣洩、洞察或學習。可由個案扮演自己在過去或未來的角色與他人對話；或個案扮演他人，由其他團體成員或助人者扮演個案，兩個人進行對話。

案例18-26（扮演過去之情緒宣洩）

助人者： 你是否可以站起來扮演你父親，讓我知道你父親是如何打你與媽媽的？

個　案：（站起來）當他賭博完回家，就會板起臉孔發怒地亂打媽媽，說我媽媽是掃把星，並拿殺蟲劑噴我媽媽，我把它搶過來，跟他說這樣會殺死媽媽，那時我哭了，爸爸也拿掃把猛打我。

助人者： 你那時是如何看待你爸爸？你與媽媽的心情又是如何？

個　案： 我的爸爸真是瘋了，我跟媽媽的心情真是驚懼，而且每天都這樣。

助人者： 你自己在二十年前看到爸爸打媽媽，直到現在你經歷跟太太相處的困難，現在你想要告訴自己什麼？……

個　案：（想了一下）我真的不應該這樣做，我太太上班已經很累了，我不應該失意繼續灌酒。

案例18-27（扮演現在）

助人者：你是否可以扮演一下，從接到酒友找你喝酒的電話，到你說有事要忙不能去。我們來練習一下。

個　案：喂，阿良喔！不好意思，我最近都很忙不能去喝酒了……我真的很忙啦！好，再見（馬上掛電話）。

助人者：這樣的拒絕，你覺得困不困難？

個　案：有點不好意思，但如果事先想好要怎樣拒絕，就覺得簡單些了。

案例18-28（扮演未來）

助人者：我們來扮演你現在去找工作。我是老闆，你要怎樣跟我開口？

個　案：老闆您好，我是來找工作的，我想我會很認真地做，如果可以，請給我機會，我會努力表現的。

（三）行為改變技術

行為改變技術包含：正增強、負增強、削弱、類化、分化、行為塑造與模仿，這些技術是心理學行為學派中的古典制約、操作制約與社會學習（黃惠惠，1988）。作者常使用正增強，請個案及團體成員以鼓掌方式鼓勵個案的努力，如鼓勵做自己不習慣而改善之行為，並於之後持續給自我獎勵，或由助人者、家人給予鼓勵。

1. 對於性侵者，要使其偏差之性滿足行為被合宜的性滿足行為（如不偏差想法下的手淫、交往成年女友與之合意的性行為）代替，否則容易再犯。

2. 對於婚暴者，要使其偏差之衝突行為被合宜的衝突行為（如平和地告知自己因為某事感到不舒服，但對事不對人）代替。團體諮商的成員可向已較改善之成員學習，此為社會學習。

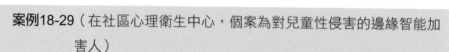

案例18-29（在社區心理衛生中心，個案為對兒童性侵害的邊緣智能加
　　　　害人）

　　助人者：我們要花五次時間來討論你性侵害小孩後的所有不舒服結
　　　　　　　果。說說看，從被警察抓到被關之後有哪些？

　　個　案：我被送到警局做筆錄，親戚都罵我，然後我被關起來。

　　助人者：你在警局做筆錄的時候，心情怎樣？

　　個　案：很差！

　　助人者：親戚罵你的時候，心情怎樣？

　　個　案：很不爽！

　　助人者：你被羈押的時候，心情怎樣？

　　個　案：很害怕！

　　助人者：這一次的經驗，讓你學到什麼？

　　個　案：不可以再傷害小孩。

　　助人者：每次手淫時，腦中不可以想任何東西，這樣可讓自己舒服，
　　　　　　　但是不會有不舒服的結果。之後我每次會談時都會問你有
　　　　　　　沒有做到這一點，若你有做到，每次我都會稱讚你。

案例18-30（社區心理衛生中心）

　　個　案：夫妻間的相處實在太難了，上週我太太又猛唸我不會賺錢，
　　　　　　　我很生氣，但是就走出家門。

　　助人者：你被太太唸，真是讓你感覺不舒服。但是你能用「閃」這
　　　　　　　一招，就跟以前不一樣，恭喜你，你真的能做到了！

（四）家庭作業

　　助人者提供讀物或安排作業，讓個案返家後可練習，使其學到的行為
可運用於真實情境中，並加以練習與熟悉。

案例18-31（訪視案家）

　　個　　案：工作很難找，我天天看報紙與求職網站。

　　助人者：鄉鎮公所內有就業服務站服務員，是否你下週來之前先去那裡問看看並填寫資料，下次來談時告訴我情況。

案例18-32（社區心理衛生中心）

　　個　　案：夫妻間的相處實在太難了。

　　助人者：我們下週來探討這一主題，我這裡有一本探討這方面的書，你帶回去先看前五章，剛好就是寫你和太太的情形，我們下週來討論。

（五）提供資訊

　　有時候在會談過程中，個案因為缺乏某方面的訊息而無法完整探索其問題或付諸行動，助人者可提供或協助個案獲取資源或訊息，如給予資料、忠告、建議等，使個案了解進而能有具體的解決方法。

案例18-33（訪視家暴者）

　　助人者：有關婚姻暴力會不會影響小孩這件事，相關研究發現看過父母婚暴的男孩長大後有 40% 日後會打妻子或女友，而沒看過者只有 5% ～ 10%；看過父母婚暴的女孩長大後則容易與會打她的異性在一起。

　　個　　案：我只知道小孩會多少受影響，不知道影響這麼嚴重。

案例18-34（社區心理衛生中心）

　　助人者：這是我幫你找的職訓局汙水處理人員訓練班招生資料，給你參考。

　　個　案：謝謝社工，這對我太有幫助了。

第十九章
家庭評估與家庭會談

壹、概述

社會工作強調人與環境互動所產生的各層面影響，從人在情境中的觀點評估個人與家庭、社區、社會的相互影響關係。個人生病並不只是個別的生理與心理因素，也有家庭與環境的社會因素。因此，社工人員不僅與個案本人工作，更重要的是與其家庭工作。在進行評估時，除了從「生理─心理─社會」模式進行家庭評估外，亦將家庭視為一個不斷動態發展的系統，從生態與系統的觀點評估家庭功能與各項因素的交互影響。

進行家庭評估時，除了從系統理論看家庭的結構與互動，也要從家庭生活週期的發展看個人在家庭的成長歷程，如嬰幼兒期、學齡前期、兒童期、青少年期、成年前期、成年期、老年期等，觀察每個家庭成員在此時可能面臨發展階段必經的議題，如：月經剛來的青少女困擾、懷孕期間的身心調適、孕育新生兒的新手父母、面臨管教孩子困擾的父母、進入更年期的身心不適；或是因意外而需面對的議題，如：親人因意外過世、家人罹患重病、父親被資遣而失業等。也就是要將人類行為與社會環境所學的知識都派上用場，搭配家庭系統與生態觀點來看個案與其家庭的互動關係，進而以家庭為中心，提供個人與家庭各項必要的介入與資源。

 **貳、家庭評估**

以家庭為中心的社會工作評估，從以下三個範疇著手：(1) 從個案本身的內在系統評估，即家庭的結構、組織與功能；(2) 時間層面的評估，即個案在家系中的代間評估，透過家系圖、族譜圖、家庭生命週期、發展階段、重大生命事件等；(3) 空間層面的評估，即生態評估，透過生態圖了解家庭與外在環境的互動關係、資源概況（田禮瑋，2022b；Nichols & Davis, 2021/2013）。將這三大範疇具體化，進行家庭評估時須蒐集下列資料以評估家庭功能。

（一）家系圖

繪製家系圖，至少包括三代的資料，呈現家庭結構及家庭成員，並初步了解成員間的關係。單次會談不見得能完整蒐集家庭的資料，有可能需要二至三次的談話才能完成完整的家系圖。

（二）生態圖

繪製家庭與外部環境的互動關係，如與親戚、朋友、鄰里、學校、職場、醫療、社福、宗教等系統的互動，關係的遠近、和諧、衝突、親疏等均可標示於生態圖。透過生態圖盤點案家的內外在資源，評估其正式與非正式社會資源。

（三）家庭結構

家庭的靜態狀態，指家庭的組成。家系圖可以呈現家庭中有哪些成員，成員的年齡、性別、職業，包含家庭角色與家庭型態。家庭角色為家庭中各自負責的角色工作與功能，這些工作是否可勝任、是否有親職化（parentification）子女情形等。家庭的型態可分為雙親家庭、單親家庭、繼親家庭、重組家庭、隔代教養家庭、三代同堂、同性戀家庭等。

（四）家庭系統

家庭與外在環境的互動可能是開放的、封閉的或是沒有界限的。健康

的家庭是開放的、有彈性的系統，能與外在環境連結，家人不會限制成員
與外界的互動；而這樣的互動也是有界限的，不會混淆，每個人恪遵角色
的本分。家庭的內在界限則是家庭成員間有其個別獨立性，並能為自己負
責，不會被權力控制或干預。

　　家庭系統中有夫妻次系統、手足次系統、親子次系統等，各次系統的
成員有其角色及系統間的界限，即夫妻次系統有夫妻的親密關係及應盡的
角色與責任，手足次系統有其陪伴與照顧的關係，親子次系統有父母應扮
演的教養角色與責任。

　　界限是區分個人與他人、系統與系統之間的關係，包含了身體的界
限、心理的界限與性的界限。各系統間若是界限不清楚或越界，則會發生
關係混淆議題。如在父親對女兒的家內性侵害中，即是父親逾越親子關係
界限，並破壞了夫妻關係界限，對子女做出性與關係的逾矩行為。而在某
些家庭中，父親長期生病無法外出工作，由母親工作養家且母代父職，較
年長子女則要協助照顧生病的父親及家務，肩負著父母原本應扮演的角
色，而成為親職化子女，這樣的子女通常較為早熟、貼心、為別人著想，
習慣將自己的需求擺在最後。

（五）家庭動力

　　家庭內部的互動關係、氣氛、凝聚以及溝通型態。可以由此了解家庭
的溝通方式是清楚具體、模糊不清或矛盾不一致。可藉成員之間互動的頻
率、質與量的內涵，了解彼此關係的親疏、遠近、緊密、衝突情形。

（六）家庭權力與決策

　　指家庭中的權力行使分配情形，權力涉及控制及改變，家庭採取的決
策方式是威權式，或是共同參與討論方式，也與父母對子女的管教方式有
關，如威權式、民主式、放任式。了解家庭在各項大小事務的決策情形及
決策者，能夠知道家庭的權力核心。如有的家庭大事是由父親決定，小事
是由母親決定，而有的家庭決策則會因情境而異。

（七）家庭目標

家庭成員的個別需求及共同需求、家庭的共同目標是什麼，目標可否滿足每位成員的需求。

（八）家庭迷思與認知模式（認知、迷思）

家庭是否有共享的認知模式或迷思，如認為家庭才是安全的、天下無不是的父母。但事實上，有些家庭存在暴力與衝突，確有不適任的父母，也並不是所有家庭都安全。

（九）家庭規則

家庭規則是指規定家庭成員的權利、義務及行為適當性。規則是否清楚、隱晦、彈性？有些家庭的規則是不清楚的，往往當子女違反了父母所認定的規則時，子女才知道有這些規則，如：晚上十點以前要返家、18歲以後才可以與異性交往。

（十）家庭的優勢與韌性

評估家庭內在的優勢（自己認為的優點、別人曾稱讚自己的優點）、可應用的非正式（鄰里、親戚、朋友、同事等）及正式（醫院、社福機構、心理衛生中心、長期照顧中心、教養院、療養機構、教會、宮廟、村里長等）支持系統或資源。

（十一）家庭文化（價值）

家庭是否有服膺的價值觀、信念、儀式，如：吃飯時一定要父親坐定才可以開飯、逢年過節要拜拜、農曆年及清明要祭祖、男尊女卑的性別觀、男大當婚女大當嫁的結婚觀、結婚就是要傳宗接代、遺產要由兒子及長孫繼承、政治傾向等，這些都是屬於在巨視的文化體系下的價值信念。

參、家庭介入

一、家庭會談

　　家庭會談（family interview）是社工人員與家庭成員的會談，藉以蒐集個案及家庭的資料，並進行家庭評估。家庭會談多在機構內進行，也可以在家訪中與家庭成員會談。如果家庭成員能全員到齊，則有機會完整地觀察到家人的互動樣貌，如當一進入會談室時每位成員選擇坐的位置，或是由母親指定每個人的座位，就可知道家庭成員彼此關係的親疏、誰是家庭權力的掌控者。實務上，邀集家庭成員全部到齊並非易事，所以社工人員僅能從可出席的家庭成員之會談中蒐集家庭資料，或是從與個別家庭成員的會談中，逐漸拼湊出家庭的互動與關係樣貌。

　　家庭會談是以家庭為中心的一種工作方式，工作過程包含與家庭成員建立關係、蒐集家庭的結構與互動資料、評估個人與家庭問題、擬定處遇計畫、介入與改變、結案。

二、家庭訪視

　　家庭訪視（home visiting）簡稱家訪，是社會工作常用的服務方式。透過家訪可以實際了解案家的內在生活情境、外在社區環境、鄰里情形、環境資源等概況。家訪也是一種外展（outreach）的服務方式，有些服務方案會視個案需要進行外展工作，將服務送到家，如行動不便、生病臥床或是居住在交通不便地點的個案。將服務外送至案家，可以減少個案無法出門求助及舟車勞頓之苦。

　　進行家訪時，需要事先規劃並與案家聯繫，約定訪視時間。以下是一些訪視時的注意事項：

1. 事先約定好家訪時間，除非有緊急要事，不應臨時取消，並且要準時。出發前，最好讓同事知道你今天有家訪行程。

2. 家訪前備妥各項必須的配備或文件，如飲水、口罩、手機、資料、物資等。

3. 家訪可以觀察到案家的內部空間、硬體、設備、家具、行走動線、房間的配置與使用，以及清潔衛生狀況，能夠具體了解案家是如何在過每天的日常生活。

4. 可以觀察案家的外在環境狀況，如環境衛生、安全性、安靜或吵雜、鄰里情形、交通便利性、可用的資源等。

5. 案家是個案及家人熟悉的生活場域，最能呈現其生活的實際面貌，社工人員可以清楚觀察到家人的真實互動。如每位家人常坐的位置、其他家人對家訪的反應等。

6. 注意家訪的安全，因為是案家的熟悉環境，會談地點避免在房間內，以在客廳或公共起居室為宜。客廳多半距離大門口近，如有突發或緊急狀況，方便立即因應。

7. 訪談時盡量維持能有方便溝通的空間，如案家有養小狗、貓咪等動物，不斷地叫或跑跳，可以請案家先將動物戴上口罩、暫時關在籠子裡或綁上牽繩於定點固定。如案家客廳開著電視，影像及音量干擾談話的專注與溝通品質，可請案家暫時關掉電視。

8. 社工人員進行家訪時應穿著輕便服裝，如長褲、球鞋或布鞋，盡量不戴首飾、垂墜式飾品、領結等，若是長髮則避免綁馬尾，穿著打扮以方便行動為原則。

9. 案家若有提供飲料或食品，盡量不食用，一方面不要造成案家麻煩，另方面也是確保安全衛生及防疫原則。

肆、家庭治療

　　家庭治療（family therapy），國內多譯為家族治療，從對精神病人的治療所發展而來，將家庭成員納入治療過程中，已成為精神科對病人及家庭關係介入的治療方法之一。從 1950 年代發展至今，已有許多學派，

如：Bowen 家族系統治療、策略取向、結構取向、經驗取向、精神分析取向、認知行為取向家族治療，以及後現代取向家族治療，如焦點解決短期諮商、合作取向、敘事治療應用於家族治療（Nichols & Davis, 2021/ 2023）。

不論是哪一取向，家族治療強調將家庭視為一個有機體的系統，其主要理論基礎為：(1) 探究自我調解系統的回饋機制之「控制論」；(2) 某一系統的主要屬性源自於系統中各部分間關係之「系統理論」；(3) 重視社會脈絡的「社會建構論」；(4) 探討家人與親密關係之情感連結的「依附理論」（Nichols & Davis, 2021/ 2023）。

家族治療並非將個體視為問題的核心，家庭成員的適應問題皆與家庭成員的互動息息相關。因此將家庭視為一個系統性的團體，並以家庭為單位進行介入。精神疾病患者的生病與家庭系統的互動有密切關係，故協助精神病人必須與家庭工作，方能事半功倍。家族治療有一些重要概念，以下簡要舉例如：自我分化、被界定的病人（代罪羔羊）、雙重束縛（Nichols & Davis, 2021/ 2023）。

（一）自我分化（differentiation of self）

是一種自我力量，為個人思考並回應情緒壓力的能力，即使處於焦慮下仍能彈性、理性行動的能力。未分化者容易情緒化，易受環境影響，對外在容易做出衝動反應；已分化者能有平衡的思考與感覺，能堅守自己的立場，有自發性也有自制力。當家庭成員能夠達到自我分化，即使結婚後的雙方能與各自的原生家庭保持良好的情感連結，則家庭能夠有理想的發展。

（二）被界定的病人（identified patient）

在精神病患家庭中，即是反映家庭衝突與失衡的狀態。如當父母吵架，孩子會以生病或逃家等不同方式來反應，此時父母會暫停爭吵，而將焦點聚於孩子身上，關心孩子，孩子的生病或行為讓家庭暫時趨於穩定與平衡，這個孩子就成為了被定義的病人角色。而這個被界定的病人常常是

家庭呈現問題的代罪羔羊（scapegoat）。

（三）雙重束縛（double bind）

　　這是在美國精神病房中觀察思覺失調症病人所發現的現象，例如：在精神病患者家庭中之母親對病人在口語與非口語行為反應的矛盾反應，如當孩子想要跟母親親近時，母親感到不自在而表現抗拒，但口頭卻表達出親切；當孩子感受到母親的拒斥而遠離時，母親卻冷回表示孩子不喜歡她。這種令病人不知如何因應的狀況，即是雙重束縛。

第二十章
營養與穴位的保健

壹、概述

改善身心靈的方法有醫藥、心理治療、營養保健、穴位保健等模式。醫藥模式及心理治療皆須具有醫事人員執照方能執行，而營養保健模式及穴位保健模式具備基礎的知識即可施行，不須醫事人員執照就能應用於日常生活保健中，兩者都是保持健康、避免疾病的初級預防保健技巧，也是「公共衛生三段五級預防」第一段「初段預防」之第一級「促進健康」與第二級「特殊保護」，見表 20-1。

社工人員的專業雖非生理與醫學，但第一線的基層工作員可以協助弱勢民眾做好身心保健，本章重點即在介紹這兩種難度不高的保健技巧。

貳、營養保健模式

能夠從食物中攝取營養素是最好保健的方式，衛生福利部國民健康署在 2018 年設計了台灣版「我的餐盤」，將六大食物每日建議分量圖像化，方便民眾按照口訣攝取適當的食物比例，助人者可依此提供個案的飲食參考。「我的餐盤」內容及口訣如下：

1. 乳品類：**每天早晚一杯奶**，每天 1.5 至 2 杯（1 杯 240 毫升）。
2. 水果類：**每餐水果拳頭大**，在地當季多樣化。
3. 蔬菜類：**菜比水果多一點**，當季且有三分之一為深色蔬菜。

表20-1
公共衛生三段五級預防

初段預防 （健康促進）		次段預防 （疾病篩檢）	參段預防 （癌症或慢性病照護）	
第一級 促進健康	第二級 特殊保護	第三級 早期診斷・早期治療	第四級 限制殘障	第五級 復健
定期健檢 衛生教育 營養均衡 適性發展 技職育樂 婚姻、性教育 優生遺傳諮詢	預防注射 衛生習慣 環境衛生 避免職災、事故 攝取特殊營養 慎防過敏原 去除致癌物	篩檢 特殊體檢 治療、預防疾病惡化	適當治療 延緩病程	身心復健 治療訓練 長期照護

註：1. 取自公共衛生與預防醫學中的「三段五級」，https://medium.com/@juleshyc/ 公共衛生與預防醫學中的一三段五級 -9698fdbf279e
　　 2. 本表未含中醫觀點，氣功與運動可歸於第一級，穴位保健屬於第二級。

4. 全穀雜糧類：**飯跟蔬菜一樣多**，至少三分之一為未精製，以全穀雜糧為主食。

5. 豆魚蛋肉類：**豆魚蛋肉一掌心**，優先順序為豆比魚好，魚比蛋好，蛋比肉好。

6. 堅果種子類：**堅果種子一茶匙**，每餐一茶匙（相當於大拇指第一節大小的量，約開心果 5 顆、南瓜籽 10 顆、葵瓜籽 10 顆）。

國人近年的營養調查顯示維生素 B 群、菸鹼素多能達到建議攝取量，但維生素 D、E、鈣、鎂、鋅有攝取不足情形（潘文涵，2020）。維生素 B 群可代謝能量及保護神經與肝臟，精神障礙、酒癮、藥癮、高壓力者容易缺乏或代謝更快，因此鼓勵國人補充 B 群與鈣鎂鋅，每週食用堅果與海魚。堅果含維生素 E 及鈣鎂鋅，海魚含 Omega 3，都是可抗發炎的營養。自從 2008 年台北地方法院判決後，國內營養品已經比照先進國家歸於食品可在超市販賣，民眾可以便宜價格購買（聯合報，2008），其劑量都在安全範圍內，可鼓勵個案根據個人保健需要購買。

以下分述營養保健的兩個重要學說，細胞分子矯正醫學與精神障礙神經發炎學說（劉博仁，2011）：

一、細胞分子矯正醫學或營養醫學學說

加拿大精神科醫師兼生化博士 Abram Hoffer 於 1957 年發現大劑量維生素 B_3（菸鹼素）能有效改善思覺失調症並降低膽固醇。他發現思覺失調症患者體內有過多呈現紅色的腎上腺素色素而造成狂亂，發生過程為「正腎上腺素（甲基化）→腎上腺素（甲基化）→正腎上腺素色素」，甲基化屬於分子的氧化層次，因此提供天然還原劑菸鹼素則可改善（Hoffer & Saul, 1989/2015）。

諾貝爾獎得主美國生化學家 Linus Pauling 在 1968 年首創細胞分子矯正醫學（Orthomolecular Medicine），認為給予身體正確的分子（即最適宜的營養）就能根除大部分疾病，他與 Hoffer 兩人合力倡導，創立《細胞分子矯正醫學期刊》。美國參議院現代文明病特別調查委員會出版的《營養與人類必需物質報告書》指出：「細胞分子矯正醫學不同於過去的生物營養學，它是充分供應細胞氧氣與營養素，使細胞的代謝正常化的一種醫學，也稱作營養治療（Nutrition Therapy）」（人人體重管理基金會，2021）。

許多研究已證實營養品可以預防特定身心疾病，社工師與心理師雖非營養師或醫師，但可藉由研讀最新的相關研究與書籍增進新知，提供個案或案家相關資訊。營養品已列為食品，不需醫師處方即可食用，唯仍應留意特定營養品之限制事項。

二、精神障礙神經發炎學說

（一）慢性發炎的發現

哈佛大學醫學教授 Ridker 等人（2000）發現慢性心血管疾病者的 CRP（C 反應蛋白，肝臟分泌的發炎指數）指數超高，確認其與慢性發炎

有關，此一發現與傳統認為發炎是紅熱脹痛不同。慢性生理病如心血管疾病、糖尿病、癌症等，慢性心理病如失智症與憂鬱症等[1]，此發現顛覆了醫學想法。因此，改善之道即是服用抗發炎藥或食用抗發炎之營養素。

（二）慢性精神疾病來自發炎

Herbert 與 Cohen（1993）的後設分析研究首次確認憂鬱症與發炎反應有顯著關聯，Howren 等人（2009）的後設分析研究再次證實之，這些研究完整證實憂鬱症來自慢性發炎。Colasanto 等人（2020）的後設分析確認憂鬱症、心血管疾病、發炎因子之間達顯著關係。

目前研究已確認思覺失調症、妄想、憂鬱、躁鬱、焦慮、創傷後壓力症、酒藥癮、失智、過動、自閉等慢性精神疾病是來自慢性發炎。

（三）慢性發炎原因及改善

陳俊旭（2011）認為紅熱脹痛是急性發炎的狀態，但慢性病的源頭是慢性發炎，其三個特徵是組織損傷無法修復、發炎細胞持續分泌細胞激素、傷口有血管增生及纖維化而產生異常，認為是由飲食錯誤、睡眠不足、情緒壓力、毒素氾濫、運動缺乏等五大原因所造成。

營養可改善精神疾病的關鍵在改善神經細胞發炎並穩定神經傳導，過去的科學研究是先發現神經傳導不穩，後來才發現由神經細胞慢性發炎所引起。所以，未來精神科藥物學將走向消炎的道路，而不是矯正神經元的過多或過少傳導物質。建議助人者可搜尋以下關鍵字查詢最新的發展與趨勢，如：精神病（psychosis）、憂鬱（depression）、神經發炎（neuroinflammation）、營養或藥物學（nutrition/pharmacology），可於美國衛生部期刊網 PubMed 搜尋全球的英文期刊。

---

1 急性發炎機制可搜尋 YouTube「木屐藥師發炎機制」、慢性發炎可查 YouTube「慢性發炎劉博仁」。

三、改善精神症狀之營養

（一）維生素 B 群

　　維生素是維持人體正常生理功能不可缺少且不具有熱量的微量有機化合物，人體無法合成或合成不足而須從食物中補充（謝明哲等人，2019）。可分為水溶性與脂溶性，前者包含維生素 B、C，而後者包含維生素 A、D、E、K。維生素 B 共有八種，有協助能量代謝、維持神經穩定、保護肝臟機能等三大功能，見表 20-2。

表20-2
維生素 B 群的八個功效

維生素	中文名	功效
B_1	硫胺	協助醣類代謝為能量，維持神經系統的正常功能，被稱為「精神性維生素」。能保護腿部神經，缺乏時會有情緒疾患、憂鬱、焦慮症狀。
B_2	核黃素	促進生長、缺乏時會有口角炎。
B_3	菸鹼素	維持神經系統正常，緩和情緒，預防過度甲基化，抗氧化，抗發炎。缺乏時會有「四D」，即皮膚炎、腹瀉、痴狂、死亡（dermatitis, diarrhea, dementia, death），1930年發現此「四D」，當時的 dementia 被稱為思覺失調症，現在則稱失智症。
B_5	泛酸	防止疲勞、憂鬱，助抗壓。
B_6	吡哆醇	協助蛋白質代謝，幫助血清素合成以穩定情緒，減少焦慮。
B_7	生物素	改善皮膚炎與脂肪肝。
B_9	葉酸	協助造血、神經發展，預防憂鬱及胎兒神經管病變。
B_{12}	鈷胺	穩定思考、記憶、情緒，預防失智。

註：作者綜合整理自謝明哲等人（2019）、陳亦云（2018）。

　　衛生素 B 群的實證效果如下：

1. 酒癮

　　美國德州大學 Williams 等人（1949）進行酒癮老鼠實驗，證實酗酒是由營養不良與遺傳等雙重因素造成，若營養改善，酗酒就改善。實驗者

讓不喝酒的老鼠吃營養不良的食物，而染上酒癮的老鼠則補充營養，特別補充維生素 B 群。研究發現，吃營養不良食物且原先不喝酒的老鼠開始喝酒，許多老鼠染上酒癮；而原先染上酒癮的老鼠吃維生素 B 群後逐漸減少酒量，甚至變得完全不喝酒。由此實驗得到幾個結論：第一，並沒有所謂的正常飲食，因為適合一個人的正常飲食對另一個人可能不然。其次，營養的需求超乎尋常者，可能是遺傳因素，也可能是因為無法獲得滿足而產生異常，例如酒精中毒。第三，若營養獲得改善，酗酒的情形則可能改善。最後，補充大量維生素 B 群，尤其是菸鹼醯胺，可以降低酒癮，而家族無酗酒者則可戒除酒癮（Davis, 1970/1994；Williams et al., 1949; Williams, 1959）。William 的酒癮研究幾乎已確認酒癮的兩大原因，即生物個別化之缺陷與營養不良之惡性循環導致持續酗酒。因此，提供維生素 B 群就能讓酒癮者獲得足夠營養進而改善身心，漸能戒酒或飲酒不失控。

2. 思覺失調症

Abram Hoffer 發現大劑量的菸鹼素可改善思覺失調症，並以隨機雙盲實驗證實，提出思覺失調症之甲基化理論，認為思覺失調症者是家族過早進化而刪除菸鹼素轉化酶，該酶可以促使菸鹼素的效率提升三百倍，且菸鹼素是還原劑或去甲基化的重要營養，思覺失調症者發病的原因是體內的正腎上腺素甲基化而成為腎上腺素，再次甲基化為腎上腺色素，腎上腺素紅可導致精神障礙（Hoffer et al., 2011/2014）。台灣大學醫學院胡海國教授與公衛系團隊研究 61 位思覺失調症患者、18 位躁鬱症患者、40 位對照組，比較菸鹼素貼片（niacin, B_3）潮紅結果，觀察其潮紅反應在 5 分鐘、10 分鐘和 15 分鐘的情形。研究發現對菸鹼素皮膚貼片缺乏反應是思覺失調症患者特有的情形，證實思覺失調症患者體內缺乏菸鹼素轉化酶。

3. 憂鬱症

日本精神科醫師渡部芳德與營養管理師野口律奈的著作《減壓、抗憂樂活飲食：吃對食物、遠離憂鬱，營養照護全書》中指出，世界各國持續對葉酸（B_9）與憂鬱症之間關聯性所進行的研究發現，民眾的葉酸攝取量愈充分，罹患憂鬱症的機率就愈低（妞新聞，2021）。

4. 過動症

　　專攻營養流行病學的中央研究院研究員潘文涵，兒子被診斷為過動症，長期吃利他能、專司達等藥物無效，後來變成嚴重的妥瑞氏症難以入班上課；至 22 歲時又因嚴重過敏性鼻炎，經切除發炎部位後意外治癒過動症。她以自己的專業投入過動症研究，以台北市 31 所國小學童分過動組與正常組各 216 名的營養與血液對照研究，經路徑分析發現「不良的營養生化狀況、過敏及過動症是導因於不健康的飲食型態」，並將研究結果繪出飲食、營養素與過動症的因果分析圖（圖 20-1），若維生素 B 群、鈣鎂鋅、魚油充足則不會有過動症，其達顯著負的迴歸係數，即因果關係。這三類營養素都有抗發炎的效果，可改善或防止所有慢性身心病（歐宇甜，2019）。

圖20-1
飲食、營養素與過動症之關係

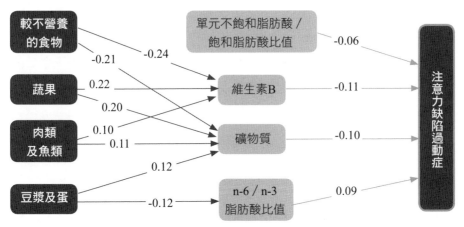

註：引自歐宇甜（2019）。
說明：以路徑分析飲食、營養素、過動症的關係，B 群、鈣鎂鋅、魚油可減緩過動症（數值為正表示有正面影響，數值為負表示有負面影響），魚油屬單元不飽和脂肪酸，也屬 n-3 脂肪酸。

（二）礦物質：鈣鎂鋅

1. 鈣

　　鈣的功能是補充骨骼容易流失的鈣質，鈣片中會添加適量維生素 D 或鎂以使鈣能順利吸收。Mindell 在《維他命聖典》書中提到：「鈣和鎂（鈣為鎂的 2 倍）是天然的鎮痛劑。」（Mindell, 1979/1998）。Davis 也提到鈣和鎂可以改善神經系統的傳導感應，具有穩定情緒、緩和緊張焦慮、改善失眠、良好的止痛作用，缺乏則會暴躁易怒，認為美國應推廣以毫無副作用且改善體質的鈣片來代替現有之止痛藥、鎮靜劑及安眠藥，並建議成年人每日至少需攝取 1,000 毫克的鈣質，可由四杯牛奶取得（Davis, 1970/1994）。一項調查發現，我國學童每天平均攝取鈣質約 400 ～ 600 毫克，只有建議量的 50 ～ 60%，而各年齡層約只攝取到一半而已（ETtoday 新聞雲，2012）。建議國人可每天補充小豆干一片、一湯匙的黑芝麻、一個碗份量的豆芽菜或莧菜，各約 200 毫克的鈣即可達每天 600 毫克的建議量。

2. 鎂

　　Davis 指出鎂能放鬆肌肉、代謝能量、提升免疫力、抗發炎，嚴重缺乏鎂則會思緒不清、失眠，甚至明顯沮喪或精神錯亂而產生幻覺，長期酗酒者大量流失鎂，服用鎂後即能減酒或戒酒（Davis, 1970/1994）。每日成人建議攝取量為男 380 毫克，女 320 毫克。食物中的鎂多在深綠色蔬菜、堅果。

　　根據一篇含有 11 篇隨機對照試驗之後設分析研究，補充鎂具有顯著降低 C-反應蛋白水準的效果，C-反應蛋白（C-reactive protein, CRP）是一種系統性發炎症狀所產生的急性期血漿蛋白，是大多數慢性發炎的指標，如心血管疾病、糖尿病、炎症性腸病、自身免疫性疾病、關節炎和多種癌症等慢性身心病（Simental-Mendla et al., 2017）。

　　挪威在 2015 年的一項研究，針對近 6,000 名居民施測焦慮及憂鬱症狀，並以問卷評估鎂攝取量，結果發現鎂的攝取量與憂鬱呈負相關，飲食

中攝取的鎂愈多，憂鬱分數愈低。鎂在人體多處代謝功能上扮演重要角色，輔助身體吸收鈣和鉀、調節心臟和肌肉的收縮、幫助神經訊息正常傳遞，還能穩定血糖、血壓的調控。鎂有「天然鎮靜劑」之稱，能放鬆神經，是讓人心情平靜、愉快的礦物質，當心肺細胞、肌肉或血管出現過度反應傾向，鎂可提供安撫、鬆弛身體的作用（蘇冠米，2020）。

3. 鋅

鋅能夠調節免疫力、抑制慢性發炎、抗憂鬱並維持毛髮和指甲健康，已有大量文獻分析證實鋅能降低憂鬱（Wang et al., 2018）。

Swardfager 等人（2013）後設分析研究 1,643 名憂鬱症患者以及 804 名對照組中，憂鬱症患者的平均周邊血液鋅濃度比對照組顯著低，且憂鬱症患者和對照組的鋅濃度差異愈大時，憂鬱的情況會更加嚴重。研究指出鋅可以維持身體的免疫功能以及內分泌平衡，對於調節皮層麩胺酸迴路和海馬迴有多種功能，而這些功能可以控制情感，因此，若血液中的鋅濃度失衡，就可能會影響到精神方面的穩定及造成衰退（Swardfager et al., 2013）。

（三）深海魚油

深海魚油是從深海魚身上提煉的油脂，其中最重要的成分就是一般動植物所少有的 Omega-3 脂肪酸，在深海魚類如鯖魚、秋刀魚中含量極高。Omega-3 包含 DHA（docosahexaenoic acid）與 EPA（eicosapentaenoic acid），是兩種長鏈多元不飽和脂肪酸。多元不飽和脂肪酸是維持人體健康的必需元素，由於人體無法自行製造 Omega-3，因此有必要從食物或營養品中攝取。DHA 是細胞膜的重要成分，尤其是腦部和視網膜的細胞。神經傳導物質要經過不同神經元細胞之突觸或樹狀突之細胞膜發出或吸收時都會經過細胞膜，其藥理是使細胞膜之 DHA 經補充而平衡，就不必再受到神經傳導物質過多或過少（思覺失調症是多巴胺過多，而憂鬱症是血清素過少等）影響，而須在發射端抑制濃度或促進其再吸收與接收端抗拮與促進其接收。深海魚油在近十年之研究均發現可降低精神障礙再發病，

效果不低於一般精神科用藥，也無副作用，國內不少精神科醫師推薦魚油為精神障礙個案的營養補給品。

蘇冠賓（2011）的研究發現治療憂鬱症的機轉為病患在血液中的某種物質會提升，此物質由發炎細胞製造並且顯著影響大腦功能，此稱為介白素-6（IL-6），這種物質通常會在危急及壓力的狀態下升高。其研究發現魚油治療具有抗憂鬱症狀的作用，可在懷孕期間作為安全的替代療法。此外，EPA 可阻止血管內凝血，具有溶血功能而能降低心臟與血管疾病之發生，也因此有凝血問題之血友病者、生產或須接受手術者應諮詢醫師或營養師，如為素食者可用亞麻仁油取代。此外，也應與鈣片分開時間服用。蘇冠賓亦集結美國哈佛大學、英國國王學院、日本國家癌症研究中心、澳洲墨爾本大學等七國共 15 位學者彙整分析國內外文獻，制訂「Omega-3 脂肪酸於憂鬱症治療之臨床指引」，包括適用對象、劑量與比例、治療時間長度、副作用監測等，針對重鬱症病人每天給予 1～2 克的EPA，或是每天給予 1～2 克的 EPA 與 DHA（羅真，2019）。

助人者可鼓勵精神病患者「早上吃 B 群、睡前鈣鎂鋅」，可保護身心細胞功能，也可改善認知、情緒、睡眠及所有身心慢性發炎。病人即使服用精神科藥物，也必須藉由營養品補充體內因生病所缺的營養，至於是否與目前所服藥物有交互作用，可詢問醫師與藥師，或隔兩小時後服用。

參、穴位保健模式

經絡是人體的能量系統，若失衡則會有病痛，一些保健的道理也在經絡中。作者曾在十年前的年假期間因牙痛嚴重，牙醫門診未開而無法就醫，只好每天吃七、八顆止痛藥，然此劑量有致命危機，於是想到家中有一台數碼穴位按摩器，並上網搜尋「牙痛穴位」找到太衝穴止痛，另搭配三陰交穴，疼痛竟在兩秒內消失。因為此經驗，爾後即研讀中醫經絡學至今，亦閱讀相關書籍及資料，如賴東淵與許昇峰（2009）、印會河（2012）之著作，深知按摩穴位是無侵入性且人人皆可學的保健方式。

　　國內於 2020 年發生某家庭長期照顧 49 歲腦性麻痺女兒，因女兒牙痛不適哭鬧呻吟數日，服用止痛藥仍無效，又適逢新型冠狀肺炎疫情期間，未將她送醫；有慢性病及憂鬱症父親傷心無法幫女兒減緩痛苦，一時控制不住情緒，以讓其解脫痛苦的念頭下將女兒悶死，隨後吞食安眠藥輕生獲救（中央社，2022）。若案父能知道牙痛的經絡穴位加以按摩，或許能緩和女兒痛苦，不致發生憾事。

　　中醫是古人流傳下來的瑰寶，包含方藥學與經絡學。相對於針灸之侵入性治療，穴位按摩是中醫經絡學最簡易的養生保健法。經絡是人體的能量系統，雖然西醫至今無法發現，但漸有人以科學方法證實。

一、經絡穴位

　　東漢《黃帝內經》稱人體的最基本系統是經絡，經脈是人體內縱行的管道，是人身血氣運行所經過與聯繫的網絡，而針灸下針或按摩的穴道，都分布在經絡。1950 年代初期，日本中古義雄首先測量人體體表的低電阻點與穴位相近。1970 年中國學者祝總驤以叩擊手足而聽出經脈的高振動音性，此法用於動物和植物上一樣可找到經脈，四肢感傳路線與經絡路線幾乎完全一致。台灣學者王唯工以模擬的心臟血管證實血液回流只約 10%，須另加空氣管在血管與骨頭間才能使血液全數回流心臟，因而提出經絡共振理論，由心臟打出首波後經由各經絡到各臟腑系統而形成不同之波頻，並發明脈診儀（王唯工，2002）。

二、十二經絡的循環與相生相剋

　　古人發現臟腑屬性是互相連動而非各自獨立，此根據屬性給予木火土金水五行的編碼，因而有相生相剋的印證與理解。黃帝內經指出「陰陽五行調和說」，指出身心的任何不適都是「陰陽失調與五行失衡」所致，因此要找出失調的關鍵並予以調和。

（一）經絡

　　中醫提出全身共有五臟、六腑、十二經絡，且與五行生剋有相關。臟腑互為表裡，臟為裡，腑為表，各臟腑有五行相對應。圖 20-2 之從左上順時鐘方向依序為五臟「肝、心、脾、肺、腎」及五行「木、火、土、金、水」，其相生相剋為「順時針相鄰則相生、相隔之序則相剋」。五臟六腑連結的十二經絡，在一天 24 小時走完一次，故每一經絡是兩小時。每天從凌晨三到五點的肺經開始到隔日凌晨一到三點的肝經止。

　　十二經絡之順序口訣為：「肺、大、胃、脾、心、小（腸）；膀、腎、包、焦、膽、肝（臟）」，每句的前六個字是經絡名稱，兩兩一對且互為表裡，也就是有肺病或感冒則需一起按摩肺經與大腸經，牢記此十二經絡口訣並應用，即開啟經絡保健的竅門。

（二）情緒

　　身心的情緒有五志，即「怒、喜、思、憂、恐」。常怒者表示有肝病變，根據「虛者補其母，實者瀉其子」的中醫病理，若是肝火則需瀉心，若是肝虛則補腎。如此即可找到該穴位按摩，以保健身心，可不生疾病或不讓疾病惡化[2]。

1. 五臟：肝、心、脾、肺、腎（臟在裡，屬陰，都是實心）。
2. 六腑：膽、小、胃、大、膀、三焦（腑在表，屬陽，都空心。前五項與五臟互為內外）。
3. 五行：木、火、土、金、水。
4. 五志：怒、喜、思、憂、恐，這是表示五臟失常會分別生五種情緒。

　　例如：某人脾氣不好、容易發怒，並不是「脾」的病，而是肝或心的病。西醫認為脾氣不好是心理問題，要找心理師或精神科醫師，中醫師則認為須疏肝解鬱或補心益腦，藥方各為逍遙散或天王補心丹（可搜尋 YouTube「胡乃文中醫師脾氣」）。

2　若欲了解按摩的方法，可搜尋 YouTube「林昭庚經絡」。

圖20-2
經絡的循行與五行生剋

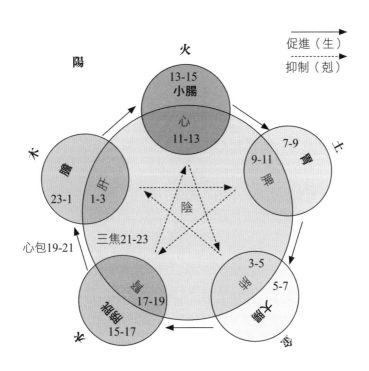

註：1. 作者根據中醫之五行與身體臟腑的連繫之相關圖所繪製。
　　2. 建議從左上開始記誦：木火土金水（五行），肝心脾肺腎（五臟）。如：「膽小胃大膀」此配對可推知。
　　3. 原則：(1) 相鄰為生、相隔為剋；(2) 從清晨三點到隔晨三點，口訣是「肺大胃脾心小（腸）、膀腎包焦膽肝（臟）」。

（三）各種疾病的重要穴位

　　人體的 360 個穴位分散在十二經絡加上任督二脈，各因其所屬經絡而有保健與療效，建議使用手指按壓或拍打，亦可購買保健器材作為平時的健康保養，如充電式數碼穴位按摩器（俗稱電貼）可按摩穴位，啟動 15 分鐘後自動關閉，可幫助身心保健。以下簡介常見疾病的保健穴位。

　1. 疼痛、牙痛：太衝穴（肝經）、合谷穴（大腸經）。
　2. 失眠：太衝穴（肝經）、內關（心包經）。

3. 高血壓：太衝穴（肝經）、合谷穴（大腸經）。

4. 感冒：魚際穴（肺經）、合谷穴（大腸經）。

5. 經痛：三陰交（腎、肝、脾）、太衝（肝經）。

6. 焦慮、憂鬱：神門（心經）、內關（心包經）[3]。

7. 酒藥癮或宿醉：太衝穴（肝經）、內關穴（心包經）。

8. 腳無力、腰背痛：委中穴（膀胱經）、三陰交穴（腎、肝、脾經）。

9. 胃痛：足三里穴（胃經）、中脘穴（任脈）、承泣穴（胃經）。

10. 長壽：內關穴（心包經）、足三里穴（胃經）。

　　各類穴位的保健可於網路輸入關鍵字搜尋，如：「病名、穴位圖、中醫師」，即可查詢中醫師推薦哪種疾病可使用哪些穴位保健。

三、舌診

　　舌診是中醫診斷中一種最直觀的診斷方法，也比較容易學習，可幫自己與他人做簡單的健康篩檢。羅大倫（2016）表示真正的健康並不在醫師手裡，而在我們自己手中，隨時知道自己的狀態如何，隨時調整、隨時改善，就能達到真正健康的狀態，也能未雨綢繆，發現疾病的苗頭，避免發展成慢性病、大病，以達到初段預防之促進健康[4]。前述的穴位按摩能做好保健以預防疾病，而舌診可周全地了解全身健康概況。

　　舌診依序觀察舌質、舌苔、舌形、舌各部。正常人為舌質淡紅、舌苔薄白、舌形大小適中（羅大倫，2016）。

1. 舌質：指顏色，偏紅主熱症，偏白主虛症；舌尖紅則心肺熱，舌邊紅則肝膽熱。

3　中醫的心包含心臟與腦部，中醫有「心腦合一、腦病心治」的說法，而生理學證實腦部充氧血是由心臟提供。

4　搜尋 YouTube「小魚博士舌診」、「羅大倫家庭實用舌診」。

2. 舌苔：舌苔薄白為正常，白厚屬表證寒證；黃苔主熱證，灰黑苔主裡
   證。

3. 舌形：舌形偏大屬虛，而偏小屬津液不足。

4. 舌各部：各部所代表之各臟腑部位如圖 20-3。

圖20-3
舌診之各臟腑部位

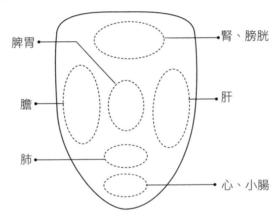

脾胃　　　　　　　　　　　　　　腎、膀胱

膽　　　　　　　　　　　　　　　　肝

肺

　　　　　　　　　　　　　　　　心、小腸

註：作者繪製。

參考文獻

一、中文部分

ETtoday 新聞雲（2012，9 月 3 日）。**全台 98% 國小學童鈣質攝取不足，恐影響正常發育**。https://www.ettoday.net/amp/amp_news.php7?news_id=97730

人人體重管理基金會（2021，10 月 22 日）。**營養治療從細胞做起**。https://www.learnwmf.org/news/detail/158

中央社（2022，8 月 8 日）。**悶死腦性麻痺女兒，老翁判二年半定讞**。https://www.cna.com.tw/news/asoc/202208080049.aspx

內政部兒童局（2010）。**兒童少年虐待統計資料表**。https://dep.mohw.gov.tw/DOPS/lp-1303-105-xCat-cat04.html

王金永、李玟撰（2020）。精神醫療團體工作。載於王金永、李易蓁、李玟撰、陳杏容（著），**精神醫療社會工作**（109-134 頁）。新學林。

王昭月（2017，8 月 8 日）。**暴食男每天吃吃吐吐原來是父母管太嚴！聯合報元氣網**。https://health.udn.com/health/story/5964/2630925

王唯工（2002）。**氣的樂章**。大塊。

王智弘（2005）。網路成癮的問題成因與輔導策略。**輔導會刊，35**，4-14。

王智弘（2009）。**網路諮商、網路成癮與網路心理健康**。學富文化。

台灣失智症協會（2012）。**失智人口知多少**。http://www.tada2002.org.tw/About/IsntDementia

民視新聞網（2021，10 月 11 日）。**網路社交平台爭議燒，美國少女控常用 IG 引發厭食症**。https://www.ftvnews.com.tw/news/detail/2021A11I05M1

田禮瑋（2022a）。心理劇。載於顧美俐、黃碧珠、胡訓慈、謝詩華、田禮瑋（著），**精神醫療社會工作**（265-285 頁）。雙葉書廊。

田禮瑋（2022b）。家庭評估。載於顧美俐、黃碧珠、胡訓慈、謝詩華、田禮瑋（著），**精神醫療社會工作**（113-137 頁）。雙葉書廊。

印會河（2012）。**中醫基礎理論**。知音。

有愛無礙融合教育網站（無日期）。**湯姆．克魯斯**（Tom cruise）。2023
　　年 5 月 9 日，引自 https://general.dale.nthu.edu.tw/?page_id=187

何長珠、曾柔鳴、劉婉如（2011）。**團體諮商概要**。五南。

妞新聞（2021，5 月 24 日）。**杜絕負面情緒、憂鬱症上身！快補維生素
　　B 群鐵三角營養素**。https://opnews.sp88.tw/article/27247

李明濱（主編）（2011）。**實用精神醫學**。國立臺灣大學。

李明濱（主編）（2013）。**自殺防治系列 26**。社團法人台灣自殺防治協
　　會暨全國自殺防治中心。

李明濱（主編）（2022）。**自殺防治系列 34**。衛生福利部。

李素芬（2004）。憂鬱的相關理論探究。**諮商與輔導**，**223**，2-6。

身心障礙者及資賦優異學生鑑定辦法（2013 年 09 月 02 日）修正公布。
　　https://law.moj.gov.tw/LawClass/LawAll.aspx?pcode=H0080065

亞東醫院（2015）。**老人常見疾病「急性譫妄」**。https://www.femh.org.
　　tw/magazine/viewmag?ID=7057

兒童及少年福利與權益保障法（2021 年 01 月 20 日）修正公布。https://
　　law.moj.gov.tw/LawClass/LawAll.aspx?pcode=D0050001

周月清、張恆豪（2017）。新制身心障礙鑑定與需求評估（ICF）執行之
　　探討：身心障礙服務使用者觀點。**東吳社會工作學報**，**32**，1-34。

周勵志（2013）。南柯一夢？DSM-5 人格障礙準則的急轉彎。**DSM-5 通
　　訊**，**3**（1），3-6。

性侵害犯罪加害人身心治療及輔導教育處遇人員訓練課程基準（2018 年
　　4 月 25 日）更新。https://dep.mohw.gov.tw/DOPS/cp-1287-14962-105.
　　html

林明傑（1999）。性罪犯之心理評估暨危險評估。**社區發展季刊**，**88**，
　　316-340。

林明傑（2003）。我國婚姻暴力加害人分類之研究。載於**家庭暴力加害人
　　處遇實務工作坊進階研習手冊**（50-69頁）。中華團體心理治療學會。

林明傑（2018）。**矯正社會工作與諮商：犯罪心理學的有效應用**（第二版）。華都。

林明傑（2023）。**家庭暴力的全貌與防治：含學習和平與人類未來**（增修二版）。元照。

林明傑、林燕卿（2016，11 月 17 日）。**性知識與性侵害性騷擾預防知能**。台灣全民學習平台。https://taiwanlife.org/admin/tool/mooccourse/mnetcourseinfo.php?hostid=7&id=1447

林明傑、陳慧女（2021）。**發展非親密關係家庭暴力被害人致命危險評估量表**。衛生福利部 110 年度研究計畫（M1003225）。衛生福利部。

林明傑、黃冠豪（2017）。少年性侵者再犯危險評估量表之台灣常模初探及其與病態人格量表之相關研究。**性學研究，8**（1），1-31。

林明傑、董子毅（2005）。台灣性罪犯靜態再犯危險評估量表（TSOSRAS）之建立及其外在效度之研究。**亞洲家庭暴力與性侵害期刊，1**（1），49-110。

林明傑、呂嘉豐、陳建霖（2016）。矯正諮商中再犯預防模式之缺點及其改善：兼論新取向的提出。**亞洲家庭暴力與性侵害期刊，12**（2），113-146。

林明傑、張晏綾、陳英明、沈勝昂（2003）。性侵害犯罪加害人之處遇：較佳方案及三個爭議方案。**月旦法學雜誌，96**，160-185。

林奕廷（2013）。**放輕鬆，不焦慮：自律神經的保健之道**。心靈工坊。

林家興（2015）。**心理疾病的認識與治療**（第二版）。心理。

林萬億（2014）。捷運殺人事件的集體創傷療癒。**愛心世界季刊**，夏季號（29）。

林萬億（2020）。再強化社會安全網：介接司法心理衛生服務。**社區發展季刊，172**，191-224。

社團法人台灣自殺防治學會（2020）。**自殺行為之因素**。https://www.tsos.org.tw/web/page/research3

社團法人臺灣憂鬱症防治協會（無日期）。https://www.depression.org.tw/detection/index.asp

長安神經醫學中心（2019，10月29日）。**失智症的前趨期：輕度認知障礙**。http://www.everanhospital.com.tw/neuro/case-list/item/247.html

毒品危害防制條例（2022年05月04日）修正公布。https://law.moj.gov.tw/LawClass/LawAll.aspx?PCode=C0000008

孫頌賢（2022）。**看見男人的眼淚──運用屋樹人投射性繪畫進行男性憂鬱的治療性衡鑑之效果研究**。科技部專題研究計畫（MOST-110-2629-H-152-001）。國立台北教育大學心理與諮商學系。

家庭社會工作師法（2023年06月09日）修正公布。https://law.moj.gov.tw/LawClass/LawAll.aspx?PCode=D0050125

翁毓秀（1994）。兒童虐待指標與處遇策略。**學生輔導，35**，30-37。

高雄榮民總醫院（2023）。**MNA 迷你營養評估表**。https://wwwfs.vghks.gov.tw

健康網（2023，6月12日）。**創傷壓力與慢性發炎有關？營養師：認知功能、內分泌都受影響！** 自由時報。https://health.ltn.com.tw/article/breakingnews/4331694

張文川（2022，10月20日）。**遭師凌虐又恫嚇，童寫信給法官揭夢魘**。自由時報。https://news.ltn.com.tw/news/society/paper/1546681

張瑋珊、廖偉呈（2018）。**防止失智新法寶：BDNF**（腦源性神經滋養因子）。https://b303094004.pixnet.net/blog/post/347012755

採驗尿液實施辦法（2018年10月02日）修正公布。https://law.moj.gov.tw/LawClass/LawAll.aspx?PCode=I0030029

許正典（2022，7月8日）。**厭食症**。聯合報元氣網。https://health.udn.com/health/disease/sole/238

許春金、馬傳鎮（1992）。**強暴犯罪型態與加害者人格特質之研究**。臺北市政府研考會。

許添盛（口述），張黛眉（執筆）（2014）。**不再恐慌：自律神經失調的身心整合療法**。塞斯文化。

陳亦云（2018）。**少了這 7 種維生素 B 群，當心你的情緒會出問題**。Heho 健康。https://heho.com.tw/archives/24825

陳俊旭（2011）。**吃錯了，當然會生病 2：發炎不是件壞事**。新自然主義。

陳淑惠（1998）。**我國學生電腦網路沉迷現象之整合研究─子計劃一：網路沉迷現象的心理病理之初探（1/2）**。行政院國家科學委員會專題研究計畫（NSC87-2511-S-002-023-N）。國立臺灣大學心理學系暨研究所。

曾文星、徐靜（1994）。**新編精神醫學**。水牛。

曾文星、徐靜（2003）。**新編精神醫學**（第二版）。水牛。

游美貴、廖美蓮、陳玟如、鄧佳旻、黃渝珊（2021）。**強化社會安全網計畫整合加害人合併精神疾病與自殺防治服務：心理衛生社工人員工作指引手冊**。衛生福利部 108 年度強化社會安全網輔導計畫。

黃富源（1982）。 強姦犯之分類研究。**警學叢刊**，**25**（4），101-117。

黃惠惠（1988）。**助人歷程與技巧**。張老師文化。

黃智群、張芸瑄（2020）。**發炎世代：透過神經傳遞物質，發炎如何造成重鬱症與焦慮症？**關鍵評論。https://www.thenewslens.com/article/137761

黃雅祺、陳兆煒、謝東呈（2023）。腦源性神經營養因子與阿茲海默氏症的關聯性。**澄清醫護管理雜誌**，**19**（3），30-36。

楊明仁、施春華（2001）。**台灣人憂鬱量表建立研究**。國科會研究報告。

葉允斌（2003）。**從涂爾幹理論探討自殺行為─以台灣九二一地震災後之自殺現象為中心**。www.nhu.edu.tw/~society/e-j/19/19-26.htm

廖榮利（1992）。精神病理社會工作。載於蔡漢賢（主編），**社會工作辭典**（第二次增修版），第 605 頁。中華民國社區發展研究訓練中心。

監察院（2017）。**精神病父掐死蔡童糾正案報告**。https://www.cy.gov.tw/public/Data/108mo/106%E5%85%A7%E6%AD%A30001.pdf

監獄行刑法（2020 年 01 月 15 日）修正公布。https://law.moj.gov.tw/LawClass/LawAll.aspx?pcode=I0040001

精神衛生法（2022 年 12 月 14 日）修正公布。https://law.moj.gov.tw/LawClass/LawAll.aspx?pcode=L0020030

劉淑瓊、陳意文（2011）。**100 年度兒童及少年保護結構化決策模式工具發展計畫**。內政部兒童局委託研究。內政部。

劉博仁（2011）。**疾病，不一定靠「藥」醫：劉博仁醫師的營養療法奇蹟**。新自然主義。

劉嘉韻、李樹人（2019）。**治憂鬱症藥吃 2、3 天都沒效？醫師：抗鬱劑需時間生效**。https://health.udn.com/health/story/5964/3927151

暴力防治法（2023 年 12 月 06 日）修正公布。https://law.moj.gov.tw/LawClass/LawAll.aspx?pcode=D0050071

歐宇甜（2019）。**過動兒爸媽不哭！治療過敏、吃對食物，可能改善病情**。中央研究院研之有物，https://research.sinica.edu.tw/pan-wen-harn-adhd-nutrition-allergy/

潘文涵（2020）。**國民營養健康狀況變遷調查（106-109 年）**。衛生福利部國民健康署委託研究計畫。

蔡佳妏（2020，9 月 29 日）。**她 4 歲被父親性侵、痛苦到分裂出 2500 個人格**。風傳媒。https://www.storm.mg/lifestyle/1722490?page=1

蔡德輝（2004）。**青少年藥物濫用與防治對策**。吳鳳技術學院反毒教育學術研討會。

衛生福利部（2018）。**強化社會安全網計畫（核定本）**。衛生福利部、教育部、勞動部、內政部。

衛生福利部（2021a）。**強化社會安全網第二期計畫（110-114 年）**。衛生福利部、教育部、勞動部、內政部、法務部。

衛生福利部（2021b）。110 年 10 月 22 日，衛部心字第 1101762432 號函。

衛生福利部（2022）。**112 年度疑似或社區精神病人照顧優化計劃申請作業須知核定版**。公告日期：111 年 11 月 29 日。http://www.mohw.gov.tw

衛生福利部（2023）。**心理衛生社工的角色任務是甚麼？社會安全網。** https://topics.mohw.gov.tw/SS/cp-4531-50127-204.html

衛生福利部中央健康保險署（2012）。**100 年度全民健康保險醫療統計年報。** https://www.nhi.gov.tw/

衛生福利部國民健康署（無日期）。**我的餐盤手冊。** https://www.hpa.gov.tw/Pages/EBook.aspx?nodeid=3821

衛生福利部臺南醫院（2023）。**簡易心智量表。** https://www.tnhosp.mohw.gov.tw/warehouse/%7B39106C47-FD51-43B7-AE4D-06F761C961D8%7D/MMSE%E8%AA%8D%E7%9F%A5%E5%8A%9F%E8%83%BD%E8%A9%95%E4%BC%B0%E9%87%8F%E8%A1%A8.pdf

賴東淵、許昇峰（2009）。**中醫學概論。** 華杏。

聯合報（2008，4 月 24 日）。**台灣維他命超貴，法院也質疑。** https://blog.udn.com/ufyliren/1810629

聯合報元氣網（2019，12 月 13 日）。**七大與皮質醇過高有關的健康風險！做這些事可改善。** https://health.udn.com/health/story/6039/4224885

謝明哲、胡淼琳、葉姝蘭、楊素卿、陳俊榮、張筱珮、徐成金、陳明汝、林娉婷、劉珍芳、張文心（編著）（2019）。**實用營養學**（第六版）。華杏。

韓青蓉（2019）。**精神醫療社會工作**（第二版）。華都文化。

顏如佑、柯志鴻、楊明仁、施春華、黃維仲、廖瑛鈿、李明濱（2005）。台灣人憂鬱量表與簡式症狀量表使用於大規模社區憂鬱症個案篩選之比較。**北市醫學雜誌，2**（8），737-744。

羅大倫（2016）。**完全圖解：舌診看百病。** 西北國際。

羅真（2019，9 月 12 日）。**怎麼吃魚油才能抗憂鬱？台灣、國際專家訂治療指引。** udn 元氣網。https://health.udn.com/health/story/6034/4043738?from=udn-referralnews_ch10%E3%80%8005artbottom

蘇冠米（2020）。**鎂是放鬆情緒的天然鎮靜劑「這些食物」能補充**。
https://www.epochtimes.com/b5/20/1/13/n11789116.htm

蘇冠賓（2011，10月8日）。**最新的研究中證實發炎反應參與憂鬱症之發生**。http://sites.google.com/site/omega3su/

顧守昌（2010年5月14日）。**夫妻倆葬一起，莽夫挾妻衝海雙死**。TVBS。https://news.tvbs.com.tw/local/92443

顧美俐、胡訓慈（2022）。精神狀況及人與情境互動的評估。載於顧美俐、黃碧珠、胡訓慈、謝詩華、田禮瑋（著）。**精神醫療社會工作**（83-111頁）。雙葉書廊。

二、英文部分

Akers, R., & Cochran, J. (1985). Adolescent marijuana use: A test of three theories of deviant behavior. *Deviant Behavior*, 6, 323-346.

American Psychiatric Association[APA]（1998）。**DSM-IV 精神疾病診斷準則手冊**〔孔繁鐘、孔繁錦編譯〕。合記圖書。（原著出版年：1994）

American Psychiatric Association[APA] (2013). *Diagnostic and statistical manual of mental disorder* (5th ed.). Author.

American Psychiatric Association[APA]（2014）。**DSM-5 精神疾病診斷準則手冊**〔台灣精神醫學會譯〕。合記圖書。（原著出版年：2013）

Bang, H. O., & Dyerberg, J. (1972). Plasma lipids and lipoproteins in Greenlandic West Coast Eskimos. *Acta Medica Scandinavica*, 192, 85-94.

Blair, R. J. (2007). Dysfunctions of medial and lateral orbitofrontal cortex in psychopathy. *Annals of the New York Academy of Sciences*, 1121, 461-479.

Carkhuff, R. R. (1969). *Helping and human relations vol.1: Selection and training*. Holt, Rinehart & Winston.

Colasanto, M., Madigan, S., & Korczak, D. J. (2020). Depression and inflammation among children and adolescents: A meta-analysis. *Journal of Affective Disorders*, 277, 940-948.

Corey, G.（2014）。**諮商與心理治療：理論與實務**〔修慧蘭、鄭玄藏、余振民、王淳弘譯〕。五南。（原著出版年：2013）

Cumming, G., & McGrath, R. (2000). *Supervision of the sex offender*. Safer Society.

Davis, A. (1994)。**吃的營養科學觀**〔王明華譯〕。世潮。（原著出版年：1970）

DeLisi, M., Drury, A. J., & Elbert, M. J. (2019). The etiology of antisocial personality disorder: The differential roles of adverse childhood experiences and childhood Psychopathology. *Comprehensive Psychiatry*, *92*, 1-6.

DeRubeis, R. J., & Crits-Christoph, P. (1998). Empirically supported individual and group psychological treatments for adult mental disorders. *Journal of Consulting and Clinical Psychology*, *66*(1), 37-52.

Dolan, B. (1998). Therapeutic community treatment for severe personality disorders. In T. Millon, E. Simonsen, M. Birket-Smith, & R. D. Davis (Eds.), *Psychopathy: Antisocial, criminal, and violent behavior* (pp. 407-430). The Guilford Press.

Egan, G. (1982). The skilled helper: A problem-management and opportunity-development approach to helping. *Wadsworth Group*. Brooks/ Cole.

Encyclopedia of Children's Health. (2022). *Battered child syndrome*. http://www.healthofchildren.com/B/Battered-Child-Syndrome.html

Gesch, C. B., Hammond, S. M., Hampson, S. E., Martin, A. E., & Crowder, J. (2002). Influence of supplementary vitamins, minerals and essential fatty acids on the antisocial behaviour of young adult prisoners: Randomised, placebo-controlled trial. *British Journal of Psychiatry, 181*(1), 22-28.

Glenn, A. L., & Raine, A. (2014). Neurocriminology: Implications for the punishment, prediction and prevention of criminal behavior. *Nature Reviews Neuroscience, 15*, 54-63.

Groth, A. N. (1979). *Men who rape: The psychology of the offender*. Plenum.

Groth, A. N., & Burgess, A. W. (1977). Motivation intent in the sexual assault of children. *Criminal Justice and Behavior, 4*(3), 253-264.

Hakimian, J. K., et al. (2019). Dietary supplementation with Omega-3 polyunsaturated fatty acids reduces opioid-seeking behaviors and alters the gut microbiome. *Nutrients, 11*(8), 1900.

Hansen, H. (1998). Treating the "untreatable" in Denmark: Past and present. In T. Millon, E. Simonsen, M. Birket-Smith, & R. D. Davis (Eds.), *Psychopathy: Antisocial, criminal, and violent behavior* (pp.458-462). Guilford.

Hanson, K., & Harris, A. (1998). *Dymanic predictors of sexual recidivism.* Department of the Socicitor General Canada. http://www.sga.gc.ca/publications/corrections/199704_e.pdf

Harbin, H. T., & Madden, D. J. (1979). Battered parents: A new syndrome. *The American Journal of Psychiatry, 136*(10), 1288-1291.

Hare, R. D. (1998). Psychopaths and their nature: Implications for the mental health and criminal justice systems. In T. Millon, E. Simonsen, M. Birket-Smith, & R. D. Davis (Eds.), *Psychopathy: Antisocial, criminal, and violent behavior* (pp. 188-212). The Guilford Press.

Hare, R. D., Hart, S. D., & Harpur, T. J. (1991). Psychopathy and the DSM-IV criteria for antisocial personality disorder. *Journal Abnorm Psychology, 100*, 391-398.

Herbert, T. B., & Cohen, S. (1993). Depression and immunity: A meta-analytic review. *Psychological Bulletin, 113*, 472-486.

Herman, J. L.（2018）。從創傷到復原：性侵與家暴倖存者的絕望與重生〔施宏達、陳文琪、向淑容譯〕。左岸文化。（原著出版年：2015）

Hill, C. E., & O'Brien, K. M. (2003)。助人技巧：探索、洞察與行動的催化〔林美珠、田秀蘭譯〕。學富文化。（原著出版年：1999）

Hoffer, A., & Saul, A.（2015）。細胞分子矯正醫學聖經：寫給醫師與社會大眾，高劑量維生素治療法〔謝嚴谷編審，謝栢曜譯〕。晨星。（原著出版年：1989）

Hoffer, A., Osmond, H., & Smythies, J. (1954). Schizophrenia: A new approach. II. Result of a year's research. *Journal of Mental Science, 100*(418), 29-45.

Hoffer, A., Saul, A. W., & Forster, H. D.（2014）。燃燒吧！油脂與毒素：**B3** 的強效慢性疾病療癒臨床實錄〔蘇聖傑、張立人譯〕。博思智庫。（原著出版年：2011）

Holtzworth-Munroe, A., & Stuart, G. (1994). Typologies of male batterers: Three subtypes and the differences among them. *Psychological Bulletin, 116*(3), 476-497.

Howren, M. B., Lamkin, D. M., & Suls, J. (2009). Associations of depression with C-reactive protein, IL-1, and IL-6: A meta-analysis. *Psychosomatic Medicine, 71*(2), 171-186.

Intrator, J., Hare, R., Stritzke, P., Brichtswein, K., Dorfman, D., Harpur, T., Bernstein, D., Handelsman, L., Schaefer, C., Keilp, J., Rosen, J., & Machac, J. (1997). A brain imaging (single photon emission computerized tomography) study of semantic and affective processing in psychopaths. *Biological Psychiatry, 42*(2), 96-103.

Kaye, W. (2008). Neurobiology of anorexia and bulimia nervosa. *Physiology & Behavior, 94*(1), 121-135.

Kessler, R. C., Angermeyer, M., Anthony, J. C., Graff, R., Demyttenaere, K., Gasquet, I., De Girolamo, G., Gluzman, S., Gureje, O., Haro, J. M., Kawakami, N., Karam, A., Levinson, D., Mora, E. E. M., Browne, M. A. O., Posada-Villa, J., Stein, D. J., Tsang, C. H. A., Aguilar-Gaxiola, S., ... Bedirhan Üstun, T. (2007). Lifetime prevalence and age-of-onset distributions of mental disorders in the World Health Organization's World Mental Health Survey Initiative. *World Psychiatry, 6*(3), 168-176.

Kiecolt-Glaser, J. K., Derry, H. M., & Fagundes, C. P. (2015). Inflammation: Depression fans the flames and feasts on the heat. *The American Journal of Psychiatry, 172*(11), 1075-1091.

Knight, R. A., & Prentky, R. A. (1990). Classifying sexual offenders: The development and corroboration of taxonomic models. In W. L. Marshall, D. R. Laws, & H. E. Barbaree (Eds.), *Handbook of sexual assault* (pp. 23-52). Springer.

Kreisman, J. J., & Straus, H.（2005）。愛你，想你，恨你：走進邊緣人格的世界〔邱約文譯〕。心靈工坊。（原著出版年：1989）

Kring, A. M., Davison, G. C., Neale, J. M., & Johnson, S. L.（2017）。變態心理學〔張本聖、徐儷瑜、黃君瑜、古黃守廉、曾幼涵編譯，張本聖審閱（第 3 版）〕。雙葉書廊。（原著出版年：2016）

Levy, B.（1998）。約會暴力：從干預到教育，防範青少年虐待式的親密關係（頁 130）〔張淑茹、劉慧玉譯〕。遠流。（原著出版年：1991）

Liu, C. M., Chang, S. S., Liao, S. C., Hwang, T. J., Shieh, M. H., Liu, S. K., Chen, W. J., & Hwu, H. G. (胡海國) (2007). Absent response to niacin skin patch is specific to schizophrenia and independent of smoking. *Psychiatry Research, 152*(2-3), 181-187.

Mann, J. J., Waternaux, C., Haas, G. L., & Malone, K. M. (1999). Toward a clinical model of suicidal behavior in psychiatric patients. *The American Journal of Psychiatry, 156*(2), 181-189.

Manson, P. T., & Kreger, R.（2005）。親密的陌生人：給邊緣人格親友的實用指南〔韓良憶譯〕。心靈工坊。（原著出版年：1998）

McKay, J. R., & Weiss, R. V. (2001). A review of temporal effects and outcome predictors in substance abuse treatment studies with long-term follow-ups. Preliminary results and methodological issues. *Evaluation Review, 25*(2), 113-161.

Mindell, E.（1998）。**維他命聖典**〔鍾東昌審校〕。笛藤。（原著出版年：1979）

Mowrer, O. H. (1947). On the dual nature of learning: A reinterpretation of "conditioning" and "problem-solving". *Harvard Educational Review, 17*, 102-148.

Nichols, M. P., & Davis, S. D.（2023）。**家族治療**（第十二版）〔劉瓊瑛譯〕。洪葉。（原著出版年：2021）

Pantalon, M. V. (2012)。**6 個問題，竟能說服各種人：耶魯心理學家教你迅速解決一切難題**〔愛荷譯〕。先覺。（原著出版年：2011）

Patlolla, S. H., Schaff, H. V., Nishimura, R. A., Stulak, J. M., Chamberlain, A. M., Pislaru, S. V., & Nkomo, V. T. (2022). Incidence and burden of tricuspid regurgitation in patients with atrial fibrillation. *Journal of the American College of Cardiology, 80*(24), 2289-2298.

Perry, B. D.（2020）。**第一本複雜性創傷後壓力症候群自我療癒聖經：在童年創傷求生到茁壯的恢復指南**〔陳思含譯〕。柿子文化。（原著出版年：2014）

Perry, B. D., & Oprah, W.（2022）。**你發生過什麼事：創傷如何影響大腦與行為，以及我們能如何療癒自己**〔康學慧譯〕。悅知文化。（原著出版年：2021）

Pithers, W. D., & Cumming, G. (1995). Relapse prevention: A method for enhancing behavioral self-management and external supervision of the sexual aggressor. In B. K. Schwartz & H. R. Cellini (Eds.), *The sex offender: Corrections, treatment and legal practice* (pp. 12-18). Civic Research Institute.

Price, D. D., Craggs, J. G., Zhou, Q., Verne, G. N., Perlstein, W. M., & Robinson, M. E. (2009). Widespread hyperalgesia in irritable bowel syndrome is dynamically maintained by tonic visceral impulse input and placebo/nocebo factors: Evidence from human psychophysics, animal models, and neuroimaging. *NeuroImage, 47*(3), 995-1001.

Raine, A., Portnoy, J., Liu, J., Mahoomed, T., & Hibbeln, J. (2015). Reduction in behavior problems with omega-3 supplementation in children aged 8-16 years: A randomized, double-blind, placebo-controlled, stratified, parallel-group trial. *Journal of Child Psychology and Psychiatry, 56,* 509-520.

Ridker, P. M., Hennekens, C. H., Buring, J. E., & Rifai, N. (2000). C-reactive protein and other markers of inflammation in the prediction of cardiovascular disease in women. *The New England Journal of Medicine, 342*(12), 836-843.

Rosa-Alcázar, A. I., Sánchez-Meca, J., Gómez-Conesa, A., & Marín-Martínez, F. (2008). Psychological treatment of obsessive-compulsive disorder: A meta-analysis. *Clinical Psychology Review, 28*(8), 1310-1325.

Rosenberg, M.（2009）。愛的語言非暴力溝通〔阮胤華譯〕。光啟文化。（原著出版年：2003）

Schoenthaler, S. J. (1983). Diet and crime: An empirical examination of the value of nutrition in the control and treatment of incarcerated juvenile offenders. *International Journal of Biosocial Research, 4*(1), 25-39.

Schoenthaler, S. J., & Bier, I. D. (2000). The effect of vitamin-mineral supplementation on juvenile delinquency among American schoolchildren: A randomized, double-blind placebo-controlled trial. *Journal of Alternative and Complementary Medicine, 6*(1), 7-17.

Setiawan, E., et al. (2015). Role of translocator protein density, a marker of neuroinflammation, in the brain during major depressive episodes. *JAMA Psychiatry, 72*(3), 268-275.

Simental-Mendía, L. E., Sahebkar, A., Rodríguez-Morán, M., Zambrano-Galván, G., & Guerrero-Romero, F. (2017). Effect of magnesium supplementation on plasma C-reactive protein concentrations: A systematic review and meta-analysis of randomized controlled trials. *Current Pharmaceutical Design, 23*(31), 4678-4686.

Simeon, D., & Hollander, E.（2002）。自我傷害的評估與治療〔唐子俊、郭敏慧譯〕。五南。（原著出版年：2001）

Sullivan, P. F., Neale, M. C., & Kendler, K. S. (2000). Genetic epidemiology of major depression: Review and meta-analysis. *The American Journal of Psychiatry, 157*(10), 1552-1562.

Swardfager, W., Herrmann, N., Mazereeuw, G., Golderger, K., Harimoto, T., & Lanctôt , K. L. (2013). Zinc in depression: A meta-analysis. *Biological Psychiatry, 74*(12), 872-878.

Thayer, R. E. (1987). Energy, tiredness, and tension effects of a sugar snack versus moderate exercise. *Journal of Personality and Social Psychology, 52*, 119-125.

Walker, L. E. A. (2000). *The battered woman syndrome* (2nd). Spring.

Walsh, W.（2016）。營養的力量：修復大腦的關鍵元素〔蘇聖傑譯〕。博思智庫。（原著出版年：2014）

Walters, G. D., & Kiehl, K. A. (2015). Limbic correlates of fearlessness and disinhibition in incarcerated youth: Exploring the brain-behavior relationship with the Hare Psychopathy Checklist: Youth Version. *Psychiatry Research, 230*(2), 205-210.

Wang, J., Um, P., Dickerman, B. A., & Liu, J. (2018). Zinc, magnesium, selenium and depression: A review of the evidence, potential mechanisms and implications. *Nutrients, 10*(5), 584.

Williams, R. (1959). *Alcoholism-The nutritional approach.* University of Texas Press.

Williams, R. J., Berry, L. J., & Berkstecher, E. (1949). Biochemical individuality. 3. Genetotrophic factors in the etiology of alcoholism. *Archieves of Biochemistry, 23*, 275-290.

Wittenborn, J. R., Weber, E. S., & Brown, M. (1973). Niacin in the long-term treatment of schizophrenia. *Archieves of General Psychiatry, 28*(3), 308-315.

World Health Organization [WHO](2022). *Mental Health Atlas 2020.*

Yalom, I., & Leszcz, M. (2005). *The theory and practice of group psychorherapy* (5th). Bacis Books.

Zaalberg, A., Nijman, H., Bulten, E., Stroosma, L., & Staak, C. (2010). Effects of nutritional supplements on aggression, rule-breaking, and psychopathology among young adult prisoners. *Aggressive Behavior, 36*(2), 117-126.

Zubin, J., & Spring, B. (1977). Vulnerability-A new view of schizophrenia. *Journal of Abnormal Psychology, 86*(2), 103-126.

國家圖書館出版品預行編目（CIP）資料

精神病理社會工作：社會安全網與精神醫療體系助人工作者的實務指引 ＝

Psychopathological social work : a practical guide for helping workers in social

safety nets and the psychiatric health system/林明傑、陳慧女著. -- 初版. --

新北市：心理出版社股份有限公司, 2024.04

　　面；　公分. --（社會工作系列；31045）

　　ISBN 978-626-7447-07-9（平裝）

1.CST: 社會工作　2.CST: 精神醫學

548.29　　　　　　　　　　　　　　　　　　　　　113002493

社會工作系列 31045

精神病理社會工作：
社會安全網與精神醫療體系助人工作者的實務指引

作　　　者：林明傑、陳慧女
執行編輯：陳文玲
總 編 輯：林敬堯
發 行 人：洪有義
出 版 者：心理出版社股份有限公司
地　　　址：231026 新北市新店區光明街 288 號 7 樓
電　　　話：(02) 29150566
傳　　　真：(02) 29152928
郵撥帳號：19293172　心理出版社股份有限公司
網　　　址：https://www.psy.com.tw
電子信箱：psychoco@ms15.hinet.net
排 版 者：辰皓國際出版製作有限公司
印 刷 者：辰皓國際出版製作有限公司
初版一刷：2024 年 4 月
I S B N：978-626-7447-07-9
定　　　價：新台幣 350 元